Descartes
und die Philosophie

Von

Karl Jaspers

Professor der Philosophie in Heidelberg

Für Paul Schilpp
herzlich
Karl Jaspers

Verlag Walter de Gruyter & Co.

vormals G. J. Göschen'sche Verlagshandlung / J. Guttentag, Verlags-
buchhandlung / Georg Reimer / Karl J. Trübner / Veit & Comp.

Berlin und Leipzig 1937

Copyright 1937 by Walter de Gruyter & Co.

vormals G. J. Göschen'sche Verlagshandlung / J. Guttentag, Verlags-
buchhandlung / Georg Reimer / Karl J. Trübner / Veit & Comp.

Berlin und Leipzig

Archiv-Nr. 13 23 37

Druck von Walter de Gruyter & Co., Berlin W 35

Printed in Germany

Inhaltsübersicht.

Einleitung.

Der Ruhm des Descartes ist so außerordentlich, seine historische Wirkung so unbestritten, das Studium einiger seiner Hauptschriften noch heute so unersetzlich in der Erziehung der philosophierenden Menschen, daß es überflüssig ist, seine *historische* Größe zu zeigen. Zumal die deutschen Philosophen seit Hegel und Schelling haben in ihm den Anfang und Ursprung der neueren Philosophie gesehen.

Man kennt die unverlierbaren Entdeckungen des Descartes in der Mathematik. Man erfährt die damals außerordentliche Neuerung der Denkform: wer von der Lektüre der Philosophen der Renaissance zu Descartes kommt, fühlt sich plötzlich wie in klarer Luft; der Gedanke ist prägnant, jeder Satz ist unverrückbar an seiner Stelle; Überflüssiges wird nicht berührt; Beiläufigkeiten fehlen; der Fortgang ist entschieden und zielbewußt; der Leser fühlt sich in Zucht genommen.

Man sieht den großen Stil seines disziplinierten Lebens, die Tapferkeit und Vornehmheit und besonnene Klugheit seines Wesens: er geht in die Einsamkeit, geht in fremdes Land, um Ruhe zu haben zum reinen Denken; er weiht sein Leben ganz seiner von ihm geglaubten Aufgabe, der Erneuerung allen Erkennens.

Trotzdem ist es nicht leicht, über solche allgemeinen Charakteristiken der Form und der Wirkung hinaus bestimmter und deutlicher zu zeigen, worin eigentlich die *philosophische* Größe des Descartes besteht. Diese Größe ist bezweifelt worden. Es gibt in der Literatur über Descartes die vermeintlichen Enthüllungen, durch die er entlarvt werden soll als Heuchler, der nicht sagt, was er denkt als Feigling, der, immer ängstlich und mißtrauisch, sich versteckt und in Masken verbirgt; als der unerträglich Hochmütige, der, zugleich eifersüchtig auf die Leistung anderer, eine listige Politik für seinen Ruhm treibt; als der Revolutionär, der alles Bestehende zertrümmern will. Solchen Wertungen schließen wir uns nirgends an. Aber auch wir gehören bei aller Bewunderung für seine historische Größe zu denen, die an dem Gehalt und an der Methode seiner Philosophie als einer

ewigen Gestalt philosophischer Wahrheit zweifeln. Denn wenn wir
die Frage stellen, in welchem Sinn wir uns diese Philosophie aneignen,
so meinen wir in der Klarheit des rationalen Vordergrundes ein außerordentlich verschlungenes Gewebe eines Philosophierens zu sehen,
dessen Wahrheit vorbeizutreffen scheint gerade dort, wo eben noch
Entscheidendes von ihm ins Auge gefaßt war. Wenn wir dann beobachten, wie Descartes' Denken in anderen Köpfen wirkte, so fragen
auch wir, ob er durch seine Größe nicht zugleich eine Macht war, die
das Philosophieren aller, die ihm folgten, zwar entzündete, aber zugleich auf einen Abweg brachte, nicht nur durch seine Methode,
sondern auch durch seine Inhalte. Weil er etwas für die neue Zeit
Wesentliches berührte, vermochte er auch auf die größten Geister zu
wirken; soweit er aber in der Weise seiner Berührung den Sinn des
Getroffenen sogleich auch verfehlte oder gar verkehrte, wurde er für
jeden, der durch ihn fasziniert wurde, eine Gefahr. Es könnte sein,
daß die Philosophie durch die Denkantriebe, deren Schöpfer und
größter Repräsentant Descartes war, schief wurde, und daß sie, was
sie im Gefolge des Descartes an Tiefe der Wahrheit zeigte, mehr noch
trotz Descartes als durch Descartes hervorgebracht hat.

Die Gegnerschaft gegen Descartes — ununterbrochen von seinen
Lebzeiten bis heute — ist aus sehr verschiedenen, ja sich gegenseitig
ausschließenden Motiven erfolgt. Sie ist als solche noch nichtssagend.
Es kommt darauf an, den *Sinn* der Gegnerschaft bestimmt aufzuzeigen. Die Gegnerschaft wird um so wahrer, je entschiedener sie das
kritische Verständnis vollzieht. Wenn sie in dem Ursprung der Wahrheit schon die Ansätze des Unwahren aufzuzeigen wagt, muß sie doch
zugleich jene Wahrheit des Ursprungs festhalten, ohne die jede historische Größe unbegreiflich wäre.

Unsere Analyse gewinnt ihre Ordnung aus folgender Überlegung:
Es ist der Ruhm des Descartes, daß er die Philosophie durch *Methode*
zur Wissenschaft erheben wollte, die zusammenfällt mit dem Ganzen
der Wissenschaft überhaupt. Seine Methode hängt zusammen mit
seinem ebenso berühmten *Grundgedankengang*, durch den ihm aus
dem universellen Zweifel Gewißheit hervorgehen sollte.

Beides — das Problem der *Methode* und das Problem des *Ursprungs*
— ist in seiner Philosophie zusammengewachsen zu einem Ganzen;
aber es ist entstanden aus zwei zunächst unabhängigen Quellen.
Beim Suchen nach der Methode scheint Descartes auf demselben Wege
zu gehen, auf dem die damals moderne Naturwissenschaft ging. Der

Grundgedankengang, der zugleich mit der Begründung der Gewißheit die Prinzipien allen Seins entwickelt, steht dagegen in Zusammenhang mit der uralten Philosophie selbst: sie wollte in dieser neuen
Gestalt die Grundlage schaffen nicht nur für die moderne Wissenschaft, sondern für das Leben des Menschen im Ganzen.

Wir analysieren im ersten Teil den Sinn des neuen philosophischen
„Grundgedankengangs", im zweiten Teil den Sinn der „Methode".
Auf Grund der Einsichten, die wir dabei über Descartes' Philosophie
zu gewinnen meinen, erweitern wir im dritten Teil unsere Betrachtung
auf das gesamte Wesen dieser Philosophie und ihre Stellung in der
Philosophiegeschichte [1].

---

[1] Diese Schrift wurde geschrieben auf Veranlassung der *Revue philosophique*
(Paris). Sie ist in deren Descartes-Sonderheft (anläßlich der dreihundertjährigen
Wiederkehr des Erscheinungsjahres des discours de la méthode) 1937 in französi-
scher Übersetzung erschienen.

I. Der Grundgedankengang.

1. Der Vollzug des Grundgedankengangs.

Die berühmten Hauptpositionen des Descartes seien in Kürze erinnert:

1. Unwillig über den Wechsel der menschlichen Meinungen, über die Infragestellung jeder bisher aufgetretenen philosophischen Behauptung, und über ein Disputieren, bei dem nicht ein einziges sicheres Ergebnis erzielt wurde, will ich — so denkt Descartes — wirkliche Gewißheit, die Bestand hat.

Um sie zu erreichen, will ich zunächst den Zweifel bis zum äußersten treiben. Wenn ich an allem, was mir gewiß schien, mit einem möglichen Grunde gezweifelt habe, und wenn ich dann eine Gewißheit finde, die vor sämtlichen Weisen des Zweifels gesichert ist, so müßte diese Gewißheit der Boden sein für alle weitere uns zugängliche Erkenntnis.

Zweifeln kann ich an dem Dasein der Dinge außer mir, am Dasein meines Körpers, sogar an mathematischen Wahrheiten, selbst wenn diese als solche zwingende sind; denn ein böser Geist könnte mich geschaffen und so eingerichtet haben, daß ich bei subjektiver Gewißheit doch getäuscht werde; ich wäre dann wehrlos und könnte sogar bei der größten Evidenz einer Erkenntnis die Wahrheit verfehlen. Dann wäre ich nicht imstande, irgendeine Wahrheit zu erkennen; wohl aber könnte ich mich gegen den Lügengeist dadurch zur Wehr setzen, daß ich entschlossen keinem Satze zustimme, bei dem der Zweifel bleibt, daß ich mich dabei täuschen könne. Ist nun die Folge für mich, daß ich überhaupt keinem Satze mehr zustimmen kann?

2. Indem ich den Entschluß des Zweifels und der radikalen Zurückhaltung meines Urteils fasse, bemerke ich: wenn auch alle Zweifelsgründe berechtigt wären, eines bliebe doch gewiß: während ich denke, während ich mich sogar im zwingenden Denken vielleicht täusche, bin ich mir doch meiner selbst gewiß, daß ich bin (cogito ergo sum): an

dieser Gewißheit kann ich nicht mehr zweifeln. Würde ein böser Geist, der mein Schöpfer wäre, mich auch in allem täuschen, er könnte mich darin nicht täuschen, daß ich, während ich mich täuschen lasse, dennoch weiß, daß ich bin.

3. Habe ich so einen Boden unbezweifelbarer Gewißheit gewonnen, so fragt sich, wie ich von dem festen Boden aus weiter komme.

Indem ich die Erfahrung dieser Gewißheit mache, weiß ich zugleich, was dazu erforderlich ist, irgendeiner Sache gewiß zu sein: das klare und deutliche Erfassen. Aber klar und deutlich glaubte ich auch früher vieles zu erfassen und geriet doch in den Zweifel, ein Lügengeist könne mir selbst in der Klarheit und Deutlichkeit Wahrheit vortäuschen. Also würde eine allgemeine Regel, etwa, daß alles wahr sein müsse, was ich ebenso klar und deutlich erfasse wie das cogito ergo sum, erst dann gültig sein, wenn ich mich zweifellos überzeugen könnte, daß ich nicht von einem mich täuschenden Geist geschaffen bin. Der nächste Schritt muß zu dieser Vergewisserung führen.

Nun sehe ich, daß ich nicht nur mich selber nicht geschaffen habe, sondern daß in mir mit dem Bewußtsein meines Daseins unlösbar verbunden ist die Idee der Unendlichkeit, an der gemessen ich meine Endlichkeit wahrnehme. Anders gesagt: ich finde in mir die Idee eines unendlichen und vollkommenen Wesens, die Gottesidee, vor. Will ich diese mit meinem Dasein mir gegebene Gottesidee begreifen, so muß ich mir ein schlechthin Ursprüngliches deutlich machen durch einen rationalen Gedanken, der ein Gottesbeweis heißt. Dieser geschieht so: Auch die Idee Gottes kann ich nicht, so wenig wie ich mein Dasein selbst hervorbringen konnte, selbst hervorgebracht haben. Das einzusehen, brauche ich einen Satz, der mir vermöge natürlicher Einsicht offenbar ist: daß nämlich in der wirkenden Ursache ebensoviel Realität sein muß, wie in der Wirkung eben dieser Ursache. Da in mir aber gerade Endlichkeit, Unvollkommenheit ist, deren ich mir bewußt werde am Maßstab jener Idee des Unendlichen und Vollkommenen, so kann darum diese Idee der Unendlichkeit nicht aus mir, dem Endlichen, sondern nur von Gott selbst stammen. Also *ist* Gott, und er ist ein unendliches und vollkommenes Wesen. Ich weiß, indem ich weiß, daß ich bin, zugleich — auch wenn alles andere Täuschung wäre —, daß ich nicht allein in der Welt bin. „Daraus allein, daß ich existiere, und daß eine gewisse Idee eines vollkommensten Wesens, das heißt Gottes, in mir ist, ist auf das Einleuchtendste bewiesen, daß Gott auch existiert" (Werke des Descartes, herausgegeben von Adam und Tannery — weiterhin zitiert als A. T. — VII, 51 [1])).

Dieses Wesen aber kann nicht böse sein, da Bösesein Unvollkommenheit wäre. Es muß allgütig sein und kann daher nicht täuschen. Also kann ich mich auf die Klarheit und Deutlichkeit, die im cogito ergo sum sogar auch einem möglichen Lügengeiste gegenüber standhielte, durch das, was mit dem cogito ergo sum untrennbar zusammenhängt, auch überall sonst in meiner Erkenntnis verlassen.

4. Nachdem so auf den beiden Grundlagen des cogito ergo sum und der Gewißheit der Existenz Gottes die klare und deutliche Erkenntnis als verläßlich und unbezweifelbar anerkannt ist, kehren die meisten vorher bezweifelten Wahrheiten mit einem Schlage zurück, insbesondere die mathematischen Wahrheiten und die Existenz der körperlichen Dinge außer mir, sofern diese klar und deutlich erkennbar sind d. h. Quantität, Ausdehnung, Figur, Lage, Bewegung haben.

Den Gang des Gedankens faßt Descartes in dem Satz des Eudoxus in dem Dialog Recherche de la vérité zusammen: „Aus diesem universalen Zweifel, wie aus einem festen und unbeweglichen Punkte, habe ich die Erkenntnis Gottes, deiner selbst und aller Dinge, die es in der Welt gibt, herzuleiten beschlossen" (A. T. X, 515).

2. Kritik der Gewißheit.

Der sichtbarste Sinn dieses Gedankengangs ist zunächst die Sicherung einer unbezweifelbaren, für jedes denkende Wesen gültigen Gewißheit. Es ist zu sehen, in welchem Sinne diese Gewißheit erreicht ist. Wir haben nacheinander zu prüfen: *worauf* diese Gewißheit sich bezieht; was in diesem Gedankengang der *Zweifel* bedeutet; ob von dem gewonnenen Boden an Gewißheit *ein Weg weiter* führt.

1. **Worauf bezieht sich die erste Gewißheit?** — Das cogito ergo sum ist nach ausdrücklicher Angabe des Descartes kein Schluß; denn dieser würde andere Wahrheiten voraussetzen, aus denen das sum sich erst ergäbe, während der Gedanke vielmehr selbst Ursprung sein will. Wir deuten Descartes: Das „ergo" ist nur in Analogie zur Schlußformel gebraucht, um fühlbar zu machen, daß es sich nicht um eine unmittelbare Wahrnehmungsgewißheit, sondern um eine in ihrer Ur-

---

[1]) Soweit die Schriften des Descartes von *Artur Buchenau* verdeutscht sind, sind die Zitate nach dessen Übersetzung wiedergegeben (in der Philosophischen Bibliothek, Verlag Felix Meiner, Leipzig).

sprünglichkeit reflexive Gewißheit handelt: um die Selbstgewißheit.
Ich werde mir in bezug auf mich bewußt, daß ich denke, daß ich bin.
Es ist die Einheit eines unvergleichbaren Denkaktes, der im Denken
sich auf sich zurückbezieht und dieses Bezuges sich bewußt wird als
eines selber Seienden. Ihn eigentlich auszusprechen macht unüber-
windliche Schwierigkieten. Da das cogito ergo sum ihn als einen
Schluß mißverstehen läßt, Descartes aber den Sinn eines Schlusses
abgelehnt hat, könnte man versuchen, den Ausdruck zu ändern.
Man könnte sagen: cogito, sum, hätte dann aber nur eine Aneinander-
reihung. Man könnte sagen: cogitans sum (wenn ich denke, bin ich),
hätte dann wohl einen Bezug des Hervorgehens des Seinsinseins
aus der Tatsache des Denkens ausgedrückt, aber einen fast leeren
Bezug und diesen dazu in einer Bestimmtheit, die schon das zeitliche
Dasein trifft; ferner wäre das Gewicht allein auf das sum gelegt,
während das cogito von gleichem Gewicht ist; der Ursprung des Gedankens wäre nicht angemessen wiedergegeben. Wir gebrauchen daher
in der Folge Descartes' Formel cogito ergo sum trotz ihrer Mißver-
stehbarkeit durch die bestimmte Auffassung als eines Schlusses.

Das Wiedererkennen des Denkens in sich selbst als eines Seins ist
die hinreißende Selbstgewißheit dessen, worin alles Sein, das Sein für
mich ist, vorkommen muß. Aber diese Gewißheit seiner selbst weiß
nicht, was sie in der Hand hat; denn es entgleitet ihr alle Bestimmtheit.

Es ist also das cogito ergo sum als solches unbezweifelbar. Aber die
eindrucksvolle Kraft wie der Mangel dieser Aussage liegt darin, daß
ihr Sinn von einer grenzenlosen Unbestimmtheit bleibt und wegen
dieser Unbestimmtheit nicht klar und faßlich wird. Die Gewißheit soll
sich beziehen auf das Sein meines Denkendseins. Um über diese Gewißheit klar zu werden, müssen wir erfahren, was das *Denken*, was
das *Ich*, was das *Sein* dieses Ich ist.

Was ist Denken bei Descartes? Vergegenwärtigen wir ohne Bezug
auf ausdrückliche Angaben des Descartes, was es in seinem Sinn sein
könnte: Es ist das Einzigartige, das, indem es sich vollzieht, sich
selbst weiß, darum seiner unmittelbar gewiß ist, indem es sich zu sich
selbst verhält. Weil das Objekt der Gewißheit hier zugleich das Subjekt des Gewißseins ist, fallen Objekt und Subjekt zusammen, sind
dasselbe, das weder Subjekt noch Objekt ist, und das auch sowohl
Subjekt als Objekt ist. Das scheint Descartes zu meinen, wenn er das
volle Vertrauen zur gehaltbegründenden Ursprungsgewißheit des

cogito ergo sum hat. Das Denken, von Descartes vielleicht im Ursprung so aufgefaßt, wird ihm bei näherer Erörterung jedoch alsbald ein bestimmteres. Wenn ihm das Denken als reines Denken *sich selbst genügend* wird, gerät er in eine unerfüllte und unerfüllbare Leere; wenn er das Denken näher *beschreibt*, gerät er in eine psychologische Phänomenologie. Es sind, auf die Spitze getrieben, diese zwei Möglichkeiten konkreter Interpretation des Denkens aus Descartes möglich:

Es hätte entweder den Charakter des göttlichen Denkens (wie es seit dem Altertum konstruiert wurde), das in sich alles Sein ist und hat, weil es *denkend das Gedachte zugleich schafft.* Das menschliche Denken aber findet statt dessen in sich nur den leeren Punkt des „ich denke" ohne alles es erfüllende Sein; denn das menschliche Denken bedarf eines Anderen, des ihm gegebenen und entgegenkommenden Objekts, ohne das es in ein Nichts des Sichselbstdenkens verschwände.

Oder das unmittelbar selbstgewisse Denken wäre nicht die Identität eines seiner gewissen Einen, vielmehr wäre es gespalten in zweierlei, nämlich in das, was in mir denkt, und das, was dieses Denken als Denken weiß. Dann aber ist die Gewißheit nicht unmittelbar, sondern bezieht sich auf etwas, das für das Wissen vorher als ein anderes da sein muß. Das meint Descartes offenbar dann, wenn er das, was im cogito ergo sum sich absolut gewiß ist, ein „denkendes Ding" nennt, „das zweifelt, einsieht, bejaht, verneint, will, nicht will, und das auch Einbildung und Empfindung hat" (A. T. VII, 28). Das heißt, daß das Denken, das seiner gewiß ist, soweit reicht wie überhaupt das Bewußtsein. Dann aber ist alles, was mein Bewußtsein ist, wirklich, im selben Sinn wie das „ich bin". Damit ist Denken *Bewußtsein* und ist das Sein des Denkens das *Sein der Gesamtheit des Bewußtseins,* oder alles das, was Gegenstand einer Phänomenologie des Bewußtseins oder Gegenstand der das Bewußtsein zergliedernden und beschreibenden Psychologie ist. Im Erfassen des Denkens als der Gesamtheit der Bewußtseinsakte und Bewußtseinszustände zerrinnt die ursprüngliche Gewißheit in ein Feld höchst zweifelhafter Erkenntnisse.

Also bezieht sich — bei der Frage nach der Bestimmtheit des gemeinten Denkens — die Gewißheit entweder auf ein leeres Punktsein des Sichselbstdenkens oder auf die mannigfach schwankende Bewußtseinswirklichkeit. In beiden Fällen ist durch die Bestimmtheit, in der das Denken gedeutet wird, das, was die erste Gewißheit treffen sollte, der Ursprung, verschwunden.

Was ist Ich bei Descartes? Descartes spricht wohl von der Unteilbarkeit des ego sum ego existo; aber wenn er dieses Ichsein eine res cogitans im Gegensatz zur res extensa nennt, so wird ihm gerade nicht zur Frage, was das Ich sei im Unterschied von allem etwa sonstigen Sein einer res non extensa, d. h. von allem bloßen Bewußtsein in der Mannigfaltigkeit seiner Erscheinungen. Das Ich-sein ist ihm gar nicht im Horizont seiner philosophischen Erhellungen aufgetaucht. Weil die Selbstgewißheit der sich denkenden Existenz hier auf das Minimum eines sich denkenden leeren Punktseins gebracht oder durch das Hinzukommende alsbald zu einem psychologisch zergliederten Dasein denaturiert werden konnte, ist das Ichsein in der Objektivität einer gedachten Sache in der Tat außer den Bereich des Fragens gekommen.

Daher konnte zwar die Philosophie des Descartes infolge des Sich-zu-sich-selbst-Verhaltens im cogito ergo sum später der Ausgang für das Philosophieren werden, das seit Kant und Fichte und Schelling im Rätsel des Ichseins entspringt. Aber sie war zunächst in dieser Hinsicht der Ausgang für das subjektivistische, alsbald psychologisch werdende Philosophieren.

Was ist Sein bei Descartes? Der Sinn der Gewißheit bezieht sich bei Descartes auf das Sein des cogito. Nicht formale Geltungen meinen seine Sätze, sondern den Ausdruck von Seinsgewißheit des als denkend existierenden Vernunftwesens. Den Seinssinn in seiner Aussage *cogito ergo sum* macht er aber nicht zur Frage. Sein ist ihm fraglos selbstverständlich und wird ihm unwillkürlich bald zum bloßen Dasein des *cogito*. Um diesen Mangel fühlbar zu machen, vergleichen wir den Sinn der Aussage des Descartes mit Gedanken, die bei Augustin, Kant, Schelling in dieselbe Richtung gehen:

Bei *Augustin* ist das *cogito ergo sum* Funktion der umgreifenden Selbstvergewisserung des Gehalts des Seins — als Spiegel der Trinität —, wie es durch mich zu mir spricht in Dasein, Leben, Wissen, Liebe [1]. Indem Descartes den Gedanken so zuspitzt, daß er in der Reduktion zu einem bloß allgemeinen Gedanken geeignet ist, als Satz zum Ausgangspunkt einer Gedankenkette zu dienen, wird er zu einer der mathematischen analogen, nach Descartes ihr sogar noch überlegenen Gewißheit; dabei verliert er aber durch den nächsten Gedankenschritt die Tiefe des Seinsgehalts in dem von dem Substanzsein der res extensa

---

[1] Die zahlreichen Stellen aus Augustin, die durchaus zusammenzunehmen sind, findet man bei Gilson, Étude sur le rôle de la pensée médiévale dans la formation du système cartésien, Paris 1930, p. 191 ff.

geschiedenen Substanzsein der „res cogitans", deren Seinssinn sich sogleich belastet mit einer keineswegs erwiesenen und leerer Dauerhaftigkeit. Descartes tat einen weiten Sprung von Augustins Selbstgewißheit des unsterblichen Seelenwesens zum rein rationalen Gedankeninhalt eines Substanzpunktes, dessen Sein im Denken besteht.

Kant erhellte das Rätsel des Seins in dem Widerstreit, daß das „ich bin" ein empirischer Satz (im Sinne der Aussage vom Dasein meiner als des Gegenstandes einer Psychologie) und kein empirischer Satz (im Sinne der Aussage über die Voraussetzung allen Denkens) sei. Er sah dann, daß in dem „ich bin" nicht getroffen werde, wie ich mir erscheine, und auch nicht, was ich an mir selbst sei, sondern nur, *daß* ich sei in einem völlig unbestimmten Sinn. Statt sich allen hier erst sichtbaren Rätseln zu nähern, wird das Ichsein für Descartes sogleich das Sein einer res cogitans als einer Substanz.

Schelling machte in einer Darstellung des Descartes den Seinssinn in der Aussage cogito ergo sum zum Gegenstand seiner Kritik (Schellings Werke **10**, 6 ff.). Er erkennt die Berechtigung des Zweifels an, um zum Sein zu kommen. Aber der Zweifel, der der Zweifel am Sein ist, setzt einerseits voraus, daß das Bezweifelte auf gewisse Weise doch ist, wenn es auch nicht eigentlich ist. Bei den Dingen „kann man nur zweifeln, daß sie unbedingt *sind;* daß sie aber *auf gewisse Weise* sind, dies läßt sich auf dieselbe Weise herausbringen, wie Cartesius sein *sum* herausbringt. Es ist ebenso richtig zu schließen: Ich zweifle an der Realität der Dinge, also sind sie, oder wenigstens: also sind sie nicht gar nicht. Denn an dem, was gar nicht und auf keine Weise ist, kann ich auch nicht zweifeln." Andrerseits muß ich auch *an meinem eigenen Sein zweifeln.* Denn das unmittelbar Gewisse, mein eigenes Sein, ist mir unbegreiflich. Ich habe an meinem eigenen Sein zu zweifeln in dem Sinn, daß es, wie alles Bezweifelte, nicht das Sein aus sich selbst, sondern eine Art von Sein ist, ein Sein „von bloß abhängiger und insofern zweifelhafter Realität". Wie alles Sein, welches Dasein ist, nur eine Weise des Seins zwischen Sein und Nichtsein ist, so auch mein Dasein; denn auch das Denken ist nur ein Zustand, eine Weise des Daseins. Daher sagt Schelling: „Das in dem cogito eingeschlossene sum hat nicht die Bedeutung eines unbedingten Ich bin, sondern nur die Bedeutung eines: Ich bin auf gewisse Weise, nämlich eben als denkend."

Eben weil Descartes aen Sinn von Sein nicht zur Frage macht, weder in den Abgrund des Ichseins blickt noch das unbedingte Sein als Maßstab verwirklicht, gleitet er aus der Gewißheit seines cogito ergo sum sogleich in ein Wissen von dem Sein des Denkens als der res cogitans im Unterschied von der res extensa. Das Sein im „ich bin" kann daher für Descartes nicht das unbedingte Sein möglicher Existenz bedeuten, als das ich mich weiß, wenn ich bedingt bin nur in bezug auf die Transzendenz; oder wenigstens vermag es bei Descartes diese Bedeutung nicht zu bewahren. Vielmehr bedeutet es für Descartes in der Tat ein bedingtes Sein im Sinne des Seins auf eine gewisse Weise im Unterschied von anderem Sein. Das cogito ergo sum wird aber philosophisch leer, soweit es übergeht in eine bloße Seinsweise unter anderen.

Die Weise des Seins, dessen Gewißheit Descartes im cogito ergo sum ergreift, kann Schelling philosophisch nicht hoch schätzen. Er will nicht dem Descartes folgen, „dem es einmal nicht darum zu tun war, die Dinge zu begreifen, sondern nur darum, zu wissen, daß sie seien (das wenigste, was man von den Dingen wissen kann) ...".

Wenn aber mit dem Aufzeigen des cogito ergo sum nur das getroffen ist, daß ich auf irgendeine Weise bin, dann ist auch der Schritt aus dem universalen Zweifel gar nicht von dem Gewicht, von dem er im ersten Augenblick schien. Der Boden eigentlichen Seins ist nicht erreicht. Denn auf eine gewisse Weise ist auch alles, woran ich zweifle. Dann ist nach Schelling „ich zweifle an dem Sein der Dinge außer mir, also sind sie, ein nicht minder gültiger Schluß" als der des Descartes: „ich zweifle, ich denke, also bin ich."

Das Ausbleiben der Frage nach dem Seinssinn im cogito ergo sum bei Descartes hat zur Folge, daß jede bestimmte Fassung, die diesem Sein gegeben wird, die philosophische Kraft aufhebt, die im Ursprung des Gedankens, wenn auch unklar, wirkte.

2. Was bedeutet der Zweifel? — Man hatte Descartes vorgeworfen, sein Zweifel sei sündig; denn er gehe bis zum Zweifel an der Gottheit, bis zur Hypothese des Lügengeistes. Das gab Descartes Veranlassung, die Art seines Zweifels zu charakterisieren (in einer brieflichen Antwort auf die Frage Buitendijcks, ob es erlaubt sei, an der Existenz Gottes zu zweifeln). Descartes sagt: es sei zu unterscheiden zwischen dem Zweifel, der den Verstand angeht, und dem, der den Willen angeht. Was den Verstand angeht, so ist Zweifel keine Sache der Wahl oder des Erlaubtseins, denn Einsicht ist nicht eine Sache des Wollens, sondern des Könnens. Daher müssen viele mit ihrem Verstand an der Existenz Gottes zweifeln, sofern ihr Verstand die Existenz nicht be-

weisen kann, und doch können sie an sie glauben. Denn der Glaube ist
Sache des Willens, und wenn ich glaube, kann ich trotzdem mit dem
natürlichen Verstand die Frage der Existenz Gottes prüfen und so an
ihr zweifeln, ohne im Glauben zu zweifeln. Wenn jemand es sich als
Ziel vorsteckt, an Gott zu zweifeln, um in diesem Zweifel zu verharren,
so sündigt er schwer. Wenn aber jemand den Zweifel sich vorsetzt als
Mittel zu deutlicherer Erkenntnis der Wahrheit, tut er etwas Frommes
und Gehöriges (A. T. IV, 62ff.). In den Responsionen wiederholt
Descartes, was er im Discours und den Meditationen schon gesagt hat,
„wie gewissenhaft" er all das, „was zur Frömmigkeit und allgemein zu
den Sitten in Beziehung steht", stets von dem Zweifel ausgenommen
habe (A. T. VII, 476).

Der Zweifel des Descartes ist also in dem Sinne, wie er hier von ihm
spricht, ein methodischer Zweifel des Verstandes, nicht ein existentieller Zweifel des Glaubens. Er ist ein planmäßiger, intellektueller
Versuch, um durch ihn zur rationalen Gewißheit zu kommen; er ist
nicht eine Erfahrung der Existenz, die über Descartes käme. Er ist ein
Tun, dessen Descartes Herr bleibt, nicht ein Hineingeraten in einen
Abgrund der Glaubenslosigkeit. Sein einziger Maßstab ist die theo-
retische Evidenz, nicht auch ein Innesein des Wahren im praktischen
Gang des Lebens und Handelns. Daher ist in diesem Zweifel noch
nicht der Ernst des Einsatzes des existierenden Menschen selbst,
sondern nur der Ernst eines logisch gewissenhaften Gedankenversuchs.
Er ist nur der Zweifel, der die Quelle theoretischer Verstandesgewiß-
heit dadurch hervorgehen lassen will, daß er auf etwas als klar und
deutlich Erfaßtes, von niemandem zu Bezweifelndes stößt. Er ist
nicht die Verzweiflung, durch deren Krise die Gewißheit einer Wahrheit, aus der ich lebe, hervorgehen kann. Der Zweifel des Descartes
setzt also voraus, daß ich, sofern ich zweifle, auch noch aus einem
anderen Ursprung lebe als aus der Wahrheit, um die es sich in diesem
Zweifel handelt.

Der Zweifel des Descartes hat noch als andere Voraussetzung die
Annahme einer absoluten Wahrheit, die unserem menschlichen Erkennen im Urteil zugänglich ist. Ihre Absolutheit steht einen Augenblick noch über Gott; denn wenn Gott in dieser Wahrheit täuschen
würde, würde er als böse beurteilt. Der zweifelnde denkende Mensch
bewegt sich in seinem Denken auf der Ebene dieser Wahrheit, die dann
allerdings gerade allein durch Gott gesichert wird.

Diese Wahrheit ist nun aber entweder eine bestimmte **und partiku-**

lare und dann *in der Tat zwingend* allgemeingültige; als solche ist sie wissenschaftliche Wahrheit, aber nie die Wahrheit, aus der ich existiere. Oder sie macht den Anspruch, in der *Form* zwingender Gewißheit auszusagen, was als Gewißheit Grund meiner Existenz ist; dann muß sie aus Unvermögen adäquater und eindeutiger Aussage durch die Form des Satzes notwendig irren. In der echten Philosophie, die diesen zweiten Weg geht, kann daher die Gewißheit, die den *rational zwingenden* Wissenschaften auf dem ersten Weg eigentümlich ist, *nie das sinnvolle Ziel* sein. Das ist indirekt daran erkennbar, daß noch jede philosophische Position als ausgesagte Position ihren Gegner gefunden hat, und daß in der Philosophie nichts Allgemeingültiges, sich überall Durchsetzendes in der Weise wie in den Wissenschaften erreicht wird. Indem Descartes, entsprechend der Überlieferung von Aristoteles und Thomas her, philosophische und wissenschaftliche Wahrheit für einerlei Art hält, zweifelt er, *weil* bisher alle jemals aufgestellten philosophischen Sätze bestritten seien. Daß auch seine eigenen Sätze diesem Schicksal nicht entgangen sind, konnte die Nachwelt belehren: Infolge der Radikalität des Descartes im Wollen der Gewißheit entstand nach ihm die Aufgabe der Scheidung *wissenschaftlicher* und *philosophischer* Gewißheit[1]).

Wegen der unbefragten Voraussetzung der einen, allgemeingültigen Wahrheit als Form *aller* Wahrheit und wegen dieser nicht mehr nach sich fragenden Gewißheit, die faktisch das auf Grund jener Voraussetzung stattfindende Denken bei Descartes trägt, kann Kierkegaard von dem Zweifel des Descartes — bei großer Achtung vor der Person dieses Philosophen — mit Ironie sprechen und kann Nietzsche sagen, er wolle besser zweifeln als Descartes. Beide begriffen, daß Descartes das Wahrsein überhaupt als ein Selbstverständliches genommen hatte, das es in diesem Sinne gar nicht ist.

3. Von der gewonnenen Gewißheit führt kein Weg weiter. — Der Schritt aus allem Zweifel zum cogito ergo sum ist, wenn letzteres auch einen so unbestimmten und vieldeutigen Inhalt hat, doch unbestreitbar. Er ist für den Verstand, sofern er nur nach zwingender Argumentation fragt, in seiner Unbestimmtheit doch richtig. So ist der Schritt schon von Augustin wie bei Descartes getan. Der Unterschied von Augustin ist, daß Descartes den Gedanken in rational argumentierender Zuspitzung zum Prinzip seines philosophischen Systems macht,

---

[1]) Über das „Zwingende" und über das Verhältnis von Philosophie und Wissenschaft vgl. meine „Philosophie" (Berlin 1932) Bd. I, S. 89—94, 318—329.

während Augustin ihn einerseits als umgreifende Selbstvergewisserung unmittelbar mit dem ganzen Gehalt des Seinsinneseins erfüllt, andrerseits ihn im zurückweisenden Argumentieren nur beiläufig gegen den seinerseits argumentierenden Skeptizismus braucht.

Descartes hat also zwar an den Anfang eine unbezweifelbare Gewißheit gestellt. Der nächste Schritt aber soll das Vertrauen zur Klarheit und Deutlichkeit als dem *überall* geltenden Kriterium der wahren Erkenntnis sichern. Dazu brauchte er den Beweis für das Dasein und Wesen Gottes (der kein Lügengeist sein darf, der mich in der von mir vollzogenen Evidenz täuschen könnte). Für diesen Beweis nun war zunächst eine neue Voraussetzung zu machen: daß eine gleiche Vollkommenheit in der Ursache einer Idee liegen müsse, wie sie in dem Inhalt dieser Idee angetroffen werde; darum kann die in uns vorgefundene Gottesidee nicht von uns selbst hervorgebracht sein, sondern muß ihren Grund in Gott selbst haben. Dieser Gedanke — hervorgegangen aus Descartes' frommem Glauben an die Inhalte der Religion — erinnert zwar an die Tiefe metaphysischer Erhellung der menschlichen Existenz; in ihm liegt eine Überzeugungskraft, die dem durch sein Wesen bereiten Menschen auch losgelöst von aller Bestimmtheit religiösen Glaubens erwachsen kann; der Mensch ergreift darin eine Wahrheit, mit deren Sinn gerade die Unbeweisbarkeit verknüpft ist. Aber dieser Gedanke, aus einer erhellenden und appellierenden Funktion verwandelt in einen Beweis nach Analogie einer mathematischen Gewißheit, sinkt in sich zusammen; er verliert dabei seine ihm eigentümliche Wahrheit, und er erreicht nicht die zwingende Gültigkeit.

Die erste Gewißheit ist also von der Art, daß Descartes mit ihr sogleich *wie auf eine Sandbank* geraten ist. Er kann von dieser Gewißheit aus keinen weiteren Schritt zu neuer Gewißheit tun, der den gleichen Charakter zwingender Evidenz hätte. Er hat wohl Boden, aber einen solchen, der nicht weiterhilft und selbst nicht erlaubt, auf ihm stehenzubleiben.

Diese unfruchtbare Gewißheit des cogito ergo sum findet ihren Ausdruck in der eigentümlich negativen Form des zu ihm führenden Gedankenganges. Die Selbstgewißheit des Bewußtseins wird durch die Negation aller möglichen skeptischen Negationen erreicht. Ihr Ausgang ist der Zweifel, nicht ein eigener Ursprung. Aus dem primären Nein entspringt aber nie ein schaffendes Ja. Der Gedanke hat die Eigenschaft aller aus der Widerlegung und nicht aus positivem Ursprung erwachsenden philosophischen Gedanken, nämlich in ihrer Simplizität schlagend zu sein um den Preis, daß man mit ihnen auch sogleich fertig ist und nicht weiter kann. So ist es ähnlich auch mit einem anderen bekannten Gedanken zur Widerlegung des Skeptizismus: Der Skeptiker sagt, es gebe keine Wahrheit; indem er dies sagt, behauptet er etwas, das er für wahr hält; also begeht er einen Selbstwiderspruch, indem er im Sagen tut, was er im Inhalt des Gesagten verwirft: Dieser Gedanke ist wie der des Descartes richtig und brauchbar im Kampf gegen die Negationen seitens des Skeptizismus, aber auch hier geht es nicht weiter.

Der Vollzug der Selbstgewißheit hat eine zweifache Möglichkeit. Er kann erstens die Vollendung einer Skepsis sein, die alles Weitere unentschieden läßt, weil sie im Denken nur des Denkens überhaupt gewiß ist. Er kann zweitens Anfang einer erfüllten Wahrheitserhellung sein mit dem Drang, alle Gewißheit in die Gegenwart der Selbstgewißheit — der faktischen Präsenz der Wahrheit — zu bringen, mit anderen Worten: alle Gewißheit der Selbstgewißheit gleichzumachen.

Bei Descartes kann immer wieder einen Augenblick der Schein entstehen, als ob er den zweiten Weg ginge, da dessen Sinn im ersten Ansatz bei Descartes nicht geleugnet werden kann. Darauf weist die Erfahrung jedes Descarteslesers, daß im cogito ergo sum, noch in dieser ärmsten Fassung der Selbstgewißheit, etwas anspricht und schwingen macht; und darauf weist insbesondere, daß Descartes Gott als den unumgänglichen Ausgang für alle Wahrheitserkenntnis glaubt und braucht. Aber er fügt ihn in seine philosophische Gedankenbewegung nicht ein als die Fülle des Seins, als den realen Ursprung in der Gegenwart der Existenz, sondern als den bloßen Gottesgedanken, als einen bewiesenen Gott, der im weiteren Gang der Gedanken aus dem Spiel bleiben kann, da er nur die Funktion hatte, die Verläßlichkeit der Klarheit und Deutlichkeit als Erkenntniskriterien zu befestigen, um nunmehr diese Erkenntnis ganz auf sich zu stellen. Doch so unbestimmt und darum leer das Sein im cogito ergo sum ist, so unbestimmt und leer ist eine Gottheit, sofern sie nichts ist als die Sicherungsfunktion eines Wahrheitskriteriums. Wo dagegen das „ich bin" existentiell mit dem Gottesgedanken verknüpft ist, ist die Verknüpfung im Ursprung eine gegenseitige: wie der Gottesgedanke, so das „ich bin". Dann ist das „ich bin" schon erfüllte Existenz, bezogen auf Transzendenz, ist in keinem abstrakten logischen Gedanken angemessen faßbar und nicht Ausgangspunkt zur Entwicklung zwingender Gewißheit.

Im Drang nach dieser zwingenden Gewißheit hat Descartes in seinem ersten grundlegenden Gedanken alle *Fülle verloren*, und in jedem weiteren Schritt — zurückstrebend zu Inhalt und Fülle — die *Gewißheit nicht mehr erreicht*. Erst ist die Gewißheit leer, und dann versagt im nächsten Schritt auch noch diese Art von Gewißheit.

3. Das Umgreifende.

Descartes' Grundgedankengang ist jedoch keineswegs erschöpft mit dem Bemühen um Sicherung einer unbezweifelbaren Gewißheit. In dem Gedankengang, der sich der Verläßlichkeit in der klaren und deutlichen Erkenntnis dadurch vergewissert, daß Gott der Schöpfer ist und kein Betrüger sein kann, liegt zugleich eine Vergewisserung des Umgreifenden, als das wir sind, und in dem wir sind[1]). Obgleich für die Absicht, die zwingende Gewißheit durch eine Bürgschaft zu garantieren, Gott zur Funktion wird im Dienste dieser Garantie, ist doch der Vollzug der Gedanken des Descartes mit ergriffen von der Tiefe philosophischer Erhellungen, die das eigene Sein in unlösbarem Zusammenhang mit seiner Transzendenz treffen. Werden die Sätze bei Descartes zwar durch die Unbestimmtheit des Inhalts trotz der Bestimmtheit der Formulierungen in eine Leere gedrängt, wo kein Gehalt mehr spricht, so bleiben sie doch trotz der Unbestimmtheit Zeiger auf dieses Umgreifende. Es ist herauszustellen und zu prüfen, wie durch dieses Zeigersein ein philosophischer Gehalt bei Descartes spricht, aber auch durch die Weise seines Philosophierens alsbald stumm wird.

Das Umgreifende, in dem wir eigentlich sind, nennen wir die *Transzendenz*. Das Umgreifende, als das wir sind, nennen wir *Existenz*. Die Weise der Existenz steht in Bezug zum *Sinn der Wahrheit für sie*, und sie bringt sich im *inneren Handeln* zur Wirklichkeit. Wir beobachten daher nacheinander in dem Grundgedankengang des Descartes die Gegenwart der Transzendenz, den Ausgang vom Bewußtsein meiner Existenz, den Wahrheitssinn und das innere Handeln. Zuletzt vergegenwärtigen wir uns, wie mit den Gedanken des Descartes eine Erschütterung des Menschen beginnt, aus der der Blick in die Bodenlosigkeit fällt, um dann erst mit Bewußtsein verläßlichen Boden neu zu suchen.

Die Gegenwart der Transzendenz. — Daß mit der Selbstgewißheit

---

[1]) Siehe zum Begriff des ,,Umgreifenden'' des Verfassers Vorlesungen: ,,Vernunft und Existenz'' (Groningen 1935): 2. und 3. Vorlesung.

meines Denkendseins untrennbar verbunden zugleich die Idee der
Gottheit ist, steht am Anfang der Philosophie des Descartes. Wenn
auch aus dieser Untrennbarkeit alsbald in Gestalt eines rationalen
Begründens das Dasein Gottes bewiesen wird, so ist doch im Ursprung
statt einer bloß rationalen Position das Umgreifende gegenwärtig.
Von da dringt in die weiteren Gedankengänge ein Sinn hinein, der in
der bloßen Rationalität wieder verloren zu gehen scheint.

Wir lesen z. B. am Schluß der 5. Meditation: „Und so sehe ich klar,
daß die Gewißheit und die Wahrheit alles Wissens einzig von der Erkenntnis des wahren Gottes *abhängt*, so sehr, daß ich, bevor ich ihn
nicht erkannte, nichts über irgendeine andere Sache vollkommen
wissen konnte . . ." (A. T. VII, 71). Obgleich der ausdrücklich gesagte
Sinn dieses Zusammenhangs nur darin besteht, daß die Erkenntnis
des Daseins Gottes das Kriterium der Klarheit und Deutlichkeit für
alles Erkennen verläßlich macht, ist im Ursprung viel mehr enthalten,
als in dieser dagegen arm wirkenden Anwendung, aber ohne daß *dieser*
Ursprung bei Descartes zu weiterer Entfaltung käme.

Es finden sich bei Descartes Sätze, die für sich nicht nur seine
Frömmigkeit, sondern den Bezug seines gesamten Denkens auf
Transzendenz bezeugen. Am Ende der 3. Meditation schreibt er:
„Bevor ich aber . . . auf die Prüfung anderer Wahrheiten eingehe ..,
will ich mich hier eine Weile bei der Betrachtung Gottes aufhalten,
seine Eigenschaften bei mir erwägen und die Schönheit dieses unermeß-
lichen Lichtes, soweit es der Blick meines gleichsam geblendeten
Geistes aushält, anschauen, bewundern und anbeten. Denn wie der
Glaube uns lehrt, daß die höchste Seligkeit des anderen Lebens einzig
und allein in diesem Schauen der göttlichen Majestät besteht, so
machen wir auch jetzt schon die Erfahrung, daß wir aus dem gegenwärtigen, wenn auch viel unvollkommeneren Anschauen die höchste
Lust schöpfen können, zu der wir in diesem Leben fähig sind" (A. T.
VII, 52). Es ist in solchen Abschnitten, als ob Descartes die Rolle
rationaler Nüchternheit aufgäbe. Der Stil ist hier nicht der seines
beweisenden Denkens. Descartes bewahrt durch seine innere Haltung
etwas von dem, was ihm von der Scholastik überkommen ist. Sein
Denken hat — wenigstens für Augenblicke — eine transzendent be-
zogene Stimmung. Sie will als solche gar nicht direkt sprechen, sondern
sie ist da und kann von dem dafür bereiten Leser gleichsam trotz der
sich von ihr so weit entfernenden Rationalität des Descartes aufgenommen werden.

Ausgang von dem Bewußtsein meiner Existenz. — Die Selbstgewißheit des Seins im Denken ist mehr als eine Einsicht unter anderen. Sie
ist für Descartes der Ausgangspunkt nicht nur im Sinne einer ersten
Aussage in der Folge von Sätzen, sondern das einzige, unvergleichliche
Sein, mit dem verbunden zu sein erst allem andern das Sein und die
Wahrheit für uns zu geben vermag. Darum gilt für Descartes, daß alles,
was mit dieser Selbstgewißheit des Denkendseins untrennbar verbunden ist — wie z. B. zweifeln, verneinen, bejahen, wollen, empfinden,
Einbildungen haben — ebenso wirklich und wahr ist, wie „daß
ich bin“. Es ist von meinem Bewußtsein (a mea cogitatione) und
meinem Ichsein (a me ipso) nicht zu trennen (A. T. VII, 28—29).
Darum kann ein Interpret des Descartes in dessen Sinn mit Recht
sagen: „und alles, was an den Gedanken deiner Existenz sich so eng
anschließt, wie die Existenz selbst, ist für dich und mit dir da, mit
gleicher Notwendigkeit, gleicher Gewißheit!“[1]) Man ist versucht, an
Kant zu denken, wie er angesichts des „bestirnten Himmel über mir“
und des „moralischen Gesetzes in mir“ ausspricht: „Beide darf ich
nicht in Dunkelheiten verhüllt oder im Überschwenglichen, außer
meinem Gesichtskreise suchen und blos vermuten; ich sehe sie vor mir
und verknüpfe sie unmittelbar mit dem Bewußtsein meiner Existenz.
Das erste fängt von dem Platze an, den ich in der äußeren Sinnenwelt einnehme ... Das zweite fängt von meinem unsichtbaren Selbst ...
an und stellt mich in einer Welt dar, die ... nur dem Verstande spürbar
ist, und mit welcher ... ich mich ... in allgemeiner und notwendiger Verknüpfung erkenne“[2]). Im Ursprung des cartesischen Grundgedankengangs meinen wir den gleichen Ausgang zu spüren.

Jedoch ist der Sinn dieses Ursprungs von Descartes dann nicht festgehalten. Was von ihm als unlösbar vom Bewußtsein (cogitatio)
bezeichnet wird, ist nicht nur das Denken als Urteilen und nicht nur
die Freiheit im Bejahen und Verneinen, sondern darüber hinaus oder
damit vielmehr unter den Ursprung des Gedankens hinabsinkend auch
die Mannigfaltigkeit der Bewußtseinsinhalte: „Was aber bin ich ? ...
ein Ding, das zweifelt, einsieht, bejaht, verneint, will, nicht will und
das auch Einbildung und Empfindung hat. Fürwahr, das ist nicht
wenig ..“ (A. T. VII, 28). Soweit das Umgreifende sich bei Descartes
einschränkt auf das Bewußtsein, sinkt es zurück in ein Feld psychologisch
zu betrachtender Phänomene. Das ist nicht mehr das Umgreifende,

[1]) G. F. Hock, Cartesius und seine Gegner, Wien 1835.
[2]) Kant, Kritik der praktischen Vernunft, Beschluß S. 288 ff.

sondern gleichsam eine Bühne psychologischer Phänomene. Weder das Dasein, als der dunkle Grund unseres Wirklichseins, noch die mögliche Existenz, als die Unbedingtheit des sich vor der Transzendenz wissenden Selbstseins, sind noch da. Daher verliert sich Descartes bei der Erhellung dieses nicht mehr Umgreifenden in psychologischen (phänomenologischen) Erörterungen und in der Theorie des Erkennens. Er erreicht dann nicht mehr, was im Vollzug spekulativen Denkens als Sprache der Existenz liegen kann (weswegen auch nur noch ein verschwindender Rest des Anselmischen „Gottesbeweises" in dem auf logischen Zwang reduzierten zweiten Gottesbeweis des Descartes übrigbleibt); er erreicht ferner nicht mehr, was mit dem Sein des Daseins notwendig zusammenhängt, und nicht mehr, was in der möglichen Existenz des Selbstseins fordernd spricht. Der Zusammenhang des Wahrseins mit dem Bewußtsein meiner Existenz, dieses Umgreifende, als das wir eigentlich sind, kommt dann bei Descartes in der Tat nicht zur Geltung. Nur eine Interpretation, die sieht, was sie aus anderem Ursprung schon weiß und sucht, kann bei Descartes den Ansatz dessen wiederfinden, was Kant und Kierkegaard bewegte.

Die Weise des Umgreifenden als Ursprung des Sinns von Wahrheit. — Wie das Umgreifende gedacht wird, steht jeweils in Korrelation zu einem bestimmten Wahrheitssinn dessen, was diesem Umgreifenden zugänglich ist. So steht der Gedanke der Gleichheit aller Menschen in Korrelation zu der Weise der Wißbarkeit, die für alle dieselbe ist; und wiederum steht der Gedanke vom Rang- und Wesensunterschied der Menschen in Korrelation zu einem Sinn von Wahrheit, der das Gedachte keineswegs für alle dasselbe sein läßt.

Daß das Denken des Descartes nach dem Ausgang von der Selbstgewißheit seiner Existenz nicht mehr im Ganzen des Umgreifenden verankert bleibt, zeigt sich in der Weise, wie er die Wahrheit jedem und dann wiederum nicht jedem zumutet.

Einerseits steht im Vordergrund der Gedanke, daß jedem die wesentliche Wahrheit als die eine sich gleichbleibende zugänglich ist. Ihm werden alle Menschen identisch in dem einen Umgreifenden, das nur noch Bewußtsein und Verstand ist. Zum Beispiel: „Bei der Prüfung der geistigen Gaben der Menschen habe ich beobachtet, daß es kaum so dumme und schwerfällige Menschen gibt, daß sie nicht fähig wären, die vernünftigen Ansichten zu erfassen, ja sogar sich die höchsten Wissenschaften zu erwerben, wenn sie nur die richtige Führung haben" (an Picot A. T. IX, 2. Teil, p. 12). Ein anderes Bei-

spiel: „Kein Ding ist in der Welt besser verteilt, als der gesunde
Menschenverstand; denn jeder glaubt, damit so wohl versehen zu
sein ... Es ist nun nicht wahrscheinlich, daß darin alle sich täuschen,
vielmehr bezeugt dieser Umstand, daß die Fähigkeit, richtige Urteile
zu fällen und das Wahre vom Falschen zu unterscheiden — eigentlich
das, was man den gesunden Menschenverstand oder die Vernunft
nennt — von der Natur in allen Menschen gleich ist, und demnach,
daß die Verschiedenheit unserer Ansichten nicht daher kommt, daß
die einen vernünftiger sind als die anderen, sondern nur daher, daß
wir unsere Gedanken auf verschiedene Wege führen ...“ (A. T.
VI, 1 ff.).

Wenn Descartes trotzdem von „schwachen Geistern“ redet, die
Fähigkeiten sehr verschieden verteilt findet, weniger Leute für metaphysische Studien geeignet findet als für geometrische, wenn er sogar
sagt: praescripti omnium ingeniis certi limites, quos transcendere non
possunt (A. T. X, 215), so braucht das kein Widerspruch zu sein; denn
Führung könnte sie alle auf die rechte Bahn bringen, vermöge des
Gemeinsamen, das in allen ist. Für dieses Gemeinsame der Vernunft
läßt er jedem Menschen, dem Menschen als Menschen die Möglichkeit:
„Es gibt keine, sei es auch noch so bescheidene und niedere Seele, die
derart an den Gegenständen der Sinne hinge, daß sie nicht manchmal
sich von ihnen abwenden möchte, um sich irgend einem andern,
größeren Gute sehnsüchtig zuzuwenden ...“ (an Picot, A. T. IX,
2. Teil, p. 4).

Andrerseits sieht Descartes nicht nur den Rang der Menschen im
Sinne der Geeignetheit wechselnden Maßes, sondern er scheint eine so
radikale Verschiedenheit im Menschsein vorauszusetzen, daß er vor
seinen eigenen Gedanken, die doch die allgemeingültige zwingende
Gewißheit des Wahren zu sein in Anspruch nahmen, und die für alle
die rechte methodische Führung sein sollten, warnt. Angesichts der
Möglichkeit, daß Revolutionäre seine Gedanken praktisch zum Um-
sturz anwenden könnten, schreibt er: „Meine Absicht hat sich niemals
weitererstreckt, als zu versuchen, meine eigenen Gedanken zu reformieren ... damit soll nicht gesagt sein, daß ich jemandem raten wollte,
dies nachzuahmen ... allein schon der Entschluß, sich von allen Ansichten loszusagen, die man früher in seine Überzeugung aufgenommen
hat, ist kein Beispiel, das etwa jeder befolgen müßte ...“(A. T. VI, 15).

Der Widerspruch ist verwunderlich. Bestimmte Gefahren lassen ihn
warnen, daß andere denselben Weg des Denkens gehen wie er, obgleich

dieser Weg der einzige, methodisch zur Wahrheit führende ist. Das ist nur dadurch zu verstehen, daß Descartes Mächte des Daseins und der Existenz spürt, die er in das Umgreifende seines bloß denkenden Bewußtseins — das allein allen Menschen identisch gemeinsam ist— *nicht* mit aufgenommen hatte. Da Descartes nur einen einzigen Wahrheitssinn — den der zwingenden Allgemeingültigkeit für jedermann — fraglos voraussetzt, wird ihm der Wahrheitssinn in zergliederter Vielfachheit nicht zum Problem. Daher verengt sich ihm das Umgreifende auf Bewußtsein und Verstand. Es wird eine sich isolierende Insel im Meer des unzugänglichen Geschehens. Auf die anderen einzugehen, die ihm nicht in dem von ihm gemeinten vorsichtigen, der Wirkung in die Welt noch fernen Sinn von Wahrheit folgen, hat er, während er so spricht, keine Neigung; sondern er sperrt sich ausdrücklich gegen sie ab.

Das innere Handeln. — Das Denken des Umgreifenden ist identisch mit einem ständigen inneren Handeln, in dem ich mich erhelle, hervorbringe, verwandle. Daß Descartes im Umgreifenden philosophiert, wenn er es auch sogleich im Gedankeninhalt nicht mehr als das Umgreifende bewahrt, zeigt sich fühlbar in seiner Freiheitslehre.

Im Grundgedankengang vollzieht Descartes ein inneres Handeln, das er als *Freiheit* sich zum philosophischen Thema macht: in der Durchführung des universalen Zweifels wird sich die Freiheit des Erkennens bewußt. Der Mensch braucht sich keinem Urteil, keiner behaupteten Wahrheit zu unterwerfen; er kann sein eigenes Urteil aufschieben, bis er allen kritischen Einwänden gegenüber, diese selbst durchdenkend, sie durchschauend und überblickend, zu der Gewißheit kommt, die er als unbezweifelbare nunmehr so vollzieht, daß er sein eigenes ewiges Wesen darin für immer erkennt.

Wenn Descartes sich „Freiheit" zum Gegenstand macht, so entwirft er sich folgende Vorstellung: Unsere selbstverständliche Welt, wie sie durch die vitale und historische Entwicklung unseres Daseins unmerklich geworden ist, zeigt uns die Dinge nicht an sich selbst. Sie zeigt sie so, wie sie für die körperlichen Bedürfnisse aussehen müssen, wie sie in Beziehung auf die Daseinsbedingungen erscheinen — angefangen bei den Sinnesempfindungen, aufsteigend bis zu den Daseinsinteressen in der menschlichen Gesellschaft. Die durch solche Erfahrungen eingegrabenen Urteile sind die fast unüberwindlichen Vorurteile. Die von Descartes verworfene überlieferte Philosophie ist ihm nur wie die unbewußte Rechtfertigung dieser Vorurteile; das System der Welt ist von ihr faktisch gedacht als Funktion unserer Bedürfnisse und Interessen.

Nun können wir aber, wenn wir erwacht und reif sind, ohne Bezug auf diese Bedürfnisse und Interessen denken, d. h. wir können denken nicht nur um zu leben, sondern um des Denkens selbst willen. Das Interesse des Denkens ist dann nicht mehr nur unser Dasein, sondern zuerst die Wahrheit an sich. Dieses Denken als reines Erkennen der Wahrheit zu gewinnen, losgelöst von den vorher drängenden und täuschenden, unsere Vorurteile nährenden Daseinsbedingungen des Lebens, das ist die Freiheit, die dem Menschen möglich ist. Das Pathos dieser Freiheit, den philosophischen Aufschwung als die Befreiung von gedankenlos bindenden Vorurteilen, bringt Descartes zum Ausdruck:

Die Freiheit des Urteils, nämlich angesichts eines Urteilssinns die Bejahung oder die Verneinung vollziehen oder in der Unentschiedenheit bleiben zu können, ist ohne Einschränkung. Ich kann mein Bejahen und Verneinen beschränken auf das schlechthin klar und deutlich vor den Augen meines Verstandes Stehende. In meiner Freiheit des Entscheidens bin ich vor allem Irrtum sicher, wenn ich die Entscheidung ausschließlich dort vollziehe, wo der beurteilte Gegenstand die höchste Klarheit und Deutlichkeit erlangt hat. Das Urteil ist ein Willensakt; die Freiheit des Willens ermöglicht es, daß ich nur wahre Urteile vollziehe, und macht mich schuldig für jeden Irrtum, weil ich dann urteilte, ohne vorher die volle Klarheit und Deutlichkeit erreicht zu haben.

Diese Freiheit ist vollständig nur im Denken, d. h. im *Theoretischen*, möglich. Im *Handeln* ist nicht Zeit bis zur Erreichung der vollen Gewißheit des Urteils; jedoch ist im Handeln die Unentschiedenheit des theoretischen Urteils nicht erlaubt; Entscheidung ist in jedem Falle unter dem Druck der drängenden Zeit gefordert. Im Theoretischen gilt die *zwingende Gewißheit*, die restlos überzeugt durch ihre Evidenz, und die als solche unverlierbar ist. Im Handeln dagegen gilt die *Entschlossenheit*, die an der einmal getroffenen theoretisch unzureichend begründeten Entscheidung unbeirrbar festhält.

Im Theoretischen aber ist die Freiheit auch bis zum äußersten möglich. Hier allein kann ich den — im Handeln halsbrechenden — Gedanken versuchen, an allem zu zweifeln, um zu der Gewißheit zu kommen, die in nicht mehr zu überbietender Klarheit und Deutlichkeit als eine zwingende zu denken die Freiheit selbst ist. Ich kann Be-

jahung und Verneinung verweigern, solange die Klarheit und Deutlichkeit in methodischem Gang noch nicht erreicht ist, um wenigstens
die Freiheit in der Unentschiedenheit zu bewahren.

Als ein der Möglichkeit nach freies Wesen habe ich daher die Aufgabe, rein denkend und nur durch Denken im inneren Handeln zu
mir selbst zu kommen. Um so als Vernunft zur vollen Gewißheit der
Wahrheit in Einheit mit der Gewißheit des Seins meiner selbst zu
kommen, ist es notwendig, mich von allem anderen zu lösen. Diese
Loslösung zu vollziehen, muß ich mich vom Boden der Vorurteile,
d. h. von allen fraglos hingenommenen Selbstverständlichkeiten befreien durch den universalen Zweifel, muß ich mich von sinnlicher
Wahrnehmung und Einbildung befreien durch Übung des Denkens
ohne sinnliche Anschauung, in die das irrende und nicht völlig klar
werdende Denken immer verstrickt bleibt.

Von der in diesen Gedanken von ihm erfaßten möglichen Freiheit
kann Descartes mit hochgemuter Selbstgewißheit sprechen. Sonst ist
alles im Menschen schwach, endlich und begrenzt gegenüber Gott,
nach dessen Bilde wir geschaffen sind: „Es bleibt einzig der Wille oder
die Wahlfreiheit, die ich an mir so groß erfahre, daß ich keine Idee
einer größeren zu fassen vermag, so daß sie es vorzüglich ist, durch die
ich erkenne, daß ich gleichsam ein Abbild und ein Gleichnis Gottes
bin“. Diese Freiheit besteht darin, „daß wir dasselbe entweder tun
oder nicht tun können — d. h. es bejahen oder verneinen, befolgen
oder meiden — oder sie besteht vielmehr darin, daß wir zum Bejahen
oder Verneinen ... dessen, was uns der Verstand zur Entscheidung
vorlegt, uns so getrieben fühlen, daß wir innewerden, wir werden von
keiner äußeren Gewalt dazu bestimmt“ (A. T. VII, 57).

Mit dieser großartigen Haltung der Freiheit des Urteils verklärt
Descartes die Möglichkeit des Menschen, daß er im Denken von allem
abzusehen vermag, alles suspendieren kann, so daß es gleichsam in
die Schwebe kommt. Solches Denken vermag den weiten, aber unbestimmten Raum einer — aber so noch leeren — Freiheit zu öffnen.
Dann kommt jedoch alles darauf an, daß dieser leere Raum erfüllt
wird durch den Eintritt des Denkenden in die geschichtliche Substanz der eigenen Existenz und die Verwirklichung seines Bezugs
auf Transzendenz. Daß Descartes nur die zwingende Gewißheit gewinnt
und daß deren Inhalt selbst fraglich bleibt, macht den Mangel seines
umgreifenden Ansatzes aus. Dieser Mangel ist auf folgende Weise zu
verdeutlichen:

a) Die *Freiheit des Urteils* hängt ganz an der Klarheit und Deutlichkeit des Inhalts. Fehlt dieser Inhalt als eine gegebene Substantialität, so ist die Klarheit und Deutlichkeit und damit das freie Urteil leer. Die Wahrheit liegt nicht nur an der Klarheit und Deutlichkeit als solcher, sondern an dem Wesen und der Herkunft und der eigenen Evidenz des entgegenkommenden Gehalts. Wie ich dieses Gehalts inne werde, wie ich ihn erblicke, aneigne, das ist der entscheidende Ursprung. Die Klarheit und Deutlichkeit dagegen ist nur eine dann folgende unerläßliche Bedingung der Wahrheit. — Die Unentschiedenheit des Urteils vollends ist als solche bloß ein leerer Punkt des Verzichtens.

b) Das *reine Denken* — in der Loslösung von allem — ist nicht mehr das Umgreifende schlechthin, sondern es ist abgespalten von der Gesamtexistenz des Menschen. Es verliert zunehmend den Bezug zur Wirklichkeit des Lebens zugunsten einer sich isolierenden Haltung dieses freien Denkens, das dabei ständig an Inhalt verliert. Auf solchem Wege geht der Mensch selbst in seiner Existenz als umgreifende Möglichkeit für die Einsicht verloren.

c) Der Gang wirklicher Forschung wie das Leben selbst sind fruchtbar nur möglich, wenn Widersprüche in Kauf genommen werden, nicht um sie zu bejahen, vielmehr um sie zu überwinden. Wer aber von vornherein *jedem Widerspruch ausweichen* will, muß sich im Kreise einer Leerheit drehen, und er vermag doch nicht ewige Wahrheit in seinen vermeintlichen Richtigkeiten zu gewinnen: es bleibt denkwürdig, wie sehr gerade Descartes geirrt hat, der allen Irrtum in seinen Evidenzen ausschließen wollte; Descartes ist vielleicht das größte Beispiel des Irrens gerade durch die Bemühung um zwingende Gewißheit, für den Verlust der Wahrheit durch die Versuchung des reinen Verstandes. —

Der Freiheitslehre entsprechend ist das innere Handeln des cartesischen Philosophierens in all den Zusammenhängen spürbar, wo für Descartes die Methode nicht bloß Technik einer Bewältigung, sondern Umgang mit sich selbst ist. Mehrere Meditationen enden mit dem Appell an ein inneres Handeln; die erste: „ . . . eine gewisse Trägheit führt mich zur gewohnten Lebensweise zurück. Und wie ein Gefangener etwa im Traume einer eingebildeten Freiheit genoß, und wenn er zu argwöhnen beginnt, daß er nur träume, sich fürchtet, aufzuwachen und sich den schmeichlerischen Vorspiegelungen solange als möglich hingibt, so sinke ich von selbst in die alten Meinungen zurück

und fürchte mich vor dem Erwachen ... " (A. T. VII, 23); die
zweite: „doch da man sich der Gewohnheit einer eingewurzelten Meinung nicht so schnell entschlagen kann, so scheint es mir gut, hier
einzuhalten, damit sich diese neu erworbene Erkenntnis durch längeres
Nachdenken meinem Gedächtnis tiefer einprägt" (A. T. VII, 34);
die vierte: „Im übrigen habe ich heute nicht nur gelernt, wovor ich
mich hüten muß, damit ich niemals irre, sondern zugleich auch, was
ich zu tun habe, um zur Erkenntnis der Wahrheit zu gelangen. Denn
ich werde sie in der Tat erreichen, wenn ich nur auf alles genügend
aufmerke, was ich vollkommen einsehe und es von dem übrigen
scheide, was ich in verworrener und dunklerer Weise erfasse". (A. T.
VII, 62).

Wohl ist dieses innere Handeln nicht viel mehr als eine Selbst-
behandlung des Intellekts; es bezieht sich auf Reinigung des Denkens,
auf Übung und auf Disziplin der Klarheit. Aber es ist darin doch
etwas von dem, was in aller Methode das Umgreifende des Philosophierens ist. Denn dieses will nicht nur, wie in den Wissenschaften,
ein Etwas methodisch wissen, sondern will mit dem Wissen das umgreifende Wesen des Philosophierenden selbst zur Wirklichkeit
bringen.

Bodenlosigkeit und Boden. — Wenn der Cartesische Zweifel auch
nur als Versuch auftritt, durch den die Unbezweifelbarkeit rationaler
Gewißheit gesichert werden soll, so ist doch durch ihn in der Tat mehr
getan. Die Radikalität des Zweifels, die in der versuchsweisen Annahme eines bösen Lügengeistes als meines Schöpfers gipfelt, läßt
einen Augenblick eine mögliche Bodenlosigkeit des Daseins fühlbar
werden: Wenn die Klarheit und Deutlichkeit zwingender Einsicht
als solche nicht mehr notwendig verläßlich ist, dann ist die rationale
Gewißheit nicht mehr als Boden anerkannt; die Vernunft ist in Frage
gestellt. Nur daß Descartes dieses alles nicht wirklich, sondern nur versuchsweise denkt, verhindert die Erschütterung. Wer die versuchsweise Annahme zu seiner Überzeugung macht — wobei die Gestalt
des schaffenden Lügengeistes fallen kann, wenn seine grenzenlos viel-
deutige und täuschende Schöpfung, die Welt, als einzige Wirklichkeit
erhalten bleibt, wie etwa in gewissen Gedanken Nietzsches[1] —, hat
nicht nur das Vertrauen zur Vernunft verloren, sondern versinkt in
der Bodenlosigkeit, wenn kein anderer Boden als die Vernunft ihn
aufnimmt.

---

[1] Vgl. meine Schrift über Nietzsche, Berlin 1936, S. 160 ff., 194 ff., 256 ff. u. s. w.

Descartes hat philosophisch etwas Außerordentliches getan, als er die rationale Evidenz in sich nicht genügend fand, sondern sie aus einem tieferen Grunde bestätigen wollte. Die Einheit der vernünftigen Evidenz mit einem Vollzug vorrationaler Art wurde ihm einen Augenblick bewußt, aber ging sogleich schon in der Gestalt eines wiederum rein rational zu vollziehenden, zwingenden Denkinhalts verloren. Die nichtrationale Quelle der rationalen Evidenz wollte er auf dem rationalen Wege des Argumentierens freilegen und verlor sie damit aus dem Blick. Seine Infragestellung der Vernunft geschah aus dem festen Boden der Vernunft, auf dem sie denn auch sogleich wieder landete.

Sollte bei Descartes das Verhältnis des Grundgedankengangs zur Evidenz rationaler Einsicht in Mathematik und Wissenschaften völlig klar werden, so müßten zunächst zwei Weisen der Gewißheit geschieden und vollzogen werden, um dann die eine aus der andern auf eine neue, alle partikulare wissenschaftliche Einsehbarkeit transzendierende Weise zu begründen.

Es ist zu beobachten, wie Descartes in der Tat zwei Weisen der Gewißheit zu unterscheiden neigt, wenn er auf Grund des entwickelten Gottesbeweises schreibt, daß „das Dasein Gottes bei mir zum mindesten in demselben Grade der Gewißheit stehen muß, in welchem bisher die mathematischen Wahrheiten gestanden haben" (A. T. VII, 65—66), und wenn er, die Evidenz des Daseins Gottes mit der Evidenz geometrischer Einsicht vergleichend, schreibt: „In ganz *anderer* Weise dagegen fand ich, daß, wenn ich darauf zurückkam, meine Idee von einem vollkommenen Wesen zu untersuchen, die Existenz darin in derselben, oder in selbst *noch evidenterer* Weise einbegriffen war, als es in der Idee des Dreiecks einbegriffen ist, daß seine drei Winkel zwei Rechten gleich sind" (A. T. VI, 36). Wie kann aber etwas evidenter sein als die schon absolute Evidenz mathematischer Einsicht? Offenbar durch etwas, durch das sie auch anders ist. Mit seinem Grundgedankengang will Descartes eine Gewißheit gewinnen, aus der sogar die doch eigentlich nicht mehr zu übertreffende Gewißheit mathematischer Erkenntnis erst zur endgültigen Gewißheit erhoben wird. Daraus müssen wir folgern, daß nach Descartes der zwingenden Gewißheit der Mathematik diejenige Weise der Notwendigkeit fehlt, aus der ich Gottes Sein und meine Existenz denken muß. Descartes scheint den Blick zu lenken auf eine andere als rationale Gewißheit, aus der die rationale Gewißheit erst begründet wird; vor der zwingenden Gewißheit scheint ihm eine mehr als zwingende Gewißheit zu liegen. Der Mensch muß aus dem bloß rational evidenten Erkennen der Dinge in der Mathematik und in den Wissenschaften zuvor herausgetreten sein, um auf Grund einer anderen Gewißheit nun an die Erkenntnis der Dinge neu heranzutreten.

Wir würden zu weit gehen, wenn wir sagen würden, Descartes habe vor die zwingende Gewißheit der ratio die existentielle Gewißheit gesetzt, ohne die auch jene rationale Gewißheit ins Bodenlose versinken würde. Mögen die Gedanken des Descartes im Ursprung in diese Richtung gehen, sie werden doch sogleich in der Form ihrerseits rational, argumentierend, beweisend, um darin alsbald auch ihren möglichen existentiellen Gehalt einzubüßen. Descartes fand den Boden für die versuchsweise bezweifelte rationale Gewißheit, ohne ihn im Ernst verlassen zu haben, philosophisch doch nur in dieser rationalen Gewißheit selbst.

II. Die Methode.

In Descartes' Grundgedankengang wird das Sein der Prinzipien erwiesen. Soweit dabei die zweifelsfreie und zwingende Gewißheit das Ziel ist, liegt alles an der bewußten Methode. Descartes' Philosophieren tritt in der Tat, schon bevor jener Grundgedankengang gedacht wird, als Methode auf und bleibt mit dem Grundgedankengang zugleich Begründung der Methode. So scheint in der Methode das Gewicht zu liegen, nicht in den Gehalten, scheint das Erkennen, nicht der Erkenntnisinhalt das eigentliche Thema zu sein.

Die Methode selbst zum Hauptthema und als solche zum Fundament der ganzen Philosophie zu machen, das war das für die Zeitgenossen und die Nachwelt faszinierend Neue. Descartes hat die größten Erwartungen gehabt von dem, was mit seiner Methode schließlich zu gewinnen sei. Die Nachwelt hat, soweit sie beherrscht war von den Vorstellungen, was alles durch diese Methode herauskommen *würde*, oft übersehen oder vergessen, was wirklich durch sie herausgekommen *ist*; es ist bis heute noch zu fragen und zu prüfen, was diese Methode eigentlich war.

1. Die Methode als Thema.

Die Entstehung des Bewußtseins der Methode. — Descartes war der Mannigfaltigkeit des Gedachten und Gesagten überdrüssig geworden. An dem Maßstab seines Ziels — der zwingenden Gewißheit — schien es ihm, daß man Wahres und Falsches bisher nicht zuverlässig unterscheiden konnte, daß man daher das Ziel nicht erreichte und in allem Reichtum chaotisch blieb. Denn ohne Methode könnte Wahrheit nur durch Zufall getroffen und daher mangels zwingend begründender Vergewisserung nicht eigentlich in Besitz genommen werden. Daher wird ihm zur ersten Voraussetzung alles erfolgreichen Philosophierens die bewußte Anwendung einer klaren Methode. Er meinte, daß vor ihm eine solche Methode noch nicht da war, und daß es seine ihm eigentümliche Aufgabe sei, sie zu schaffen.

Methode hat Descartes zuerst *faktisch angewandt*, dann wurde er sich ihrer *bewußt*, schließlich machte er sie selbst zum eigentlichen *Thema*, und damit begann seine Philosophie.

Biographisch[1]) machte Descartes die Erfahrung der Gewißheit zuerst in der Mathematik. Dann folgte sein Suchen und Ergreifen einer mathesis universalis, welche zur Verbindung und Beherrschung der bis dahin getrennten Erkenntnisgebiete —, sei es der Gesamtheit der mathematischen Wissenschaften, sei es aller Wissenschaften überhaupt — dienen sollte. Zuletzt erst erwuchs der Versuch des methodischen Zweifels.

Von diesem zuletzt gewonnenen methodischen Ursprung seiner Erkenntnis aus war nun der Gang der Sache umgekehrt. Aus dem Zweifel gingen die unbezweifelbaren Grundwahrheiten von den Seinsprinzipien hervor, mit denen ihm der Raum des Wissens erwächst. Die Gewißheit der Seinsprinzipien und der Gang der Methode sollen in unlösbarem Zusammenhang stehen. Die umfassende Universalmethode läßt aus sich die universale Mathematik, diese die besonderen Wissenschaften sich entfalten. Damit in eins entfaltet sich ihm aus den in der Methode erkannten Prinzipien die Erkenntnis der Welt, der ausgedehnten und der denkenden Substanz.

Philosophie und Mathematik. — Angesichts der Tatsache, daß bei Descartes die Mathematik ständig im Vordergrund zu stehen scheint, und daß die Erfahrung mathematischer Gewißheit biographisch der Anfang war, muß man fragen, ob die Weise seines Philosophierens nicht entsprungen sei aus der Wirkung der Mathematik auf die philosophische Spekulation (d. h. aus der Übertragung mathematischer Denkform auf die philosophische Spekulation), oder ob umgekehrt aus einem echten, philosophischen Ursprung vielmehr eine schöpferische Wirkung auch auf die Mathematik geschehen sei.

Daß die *Mathematik* den *Primat* habe, und daß die Erfahrung mathematischer Erkenntnis Vorbild und Leitfaden aller und auch der philosophischen Erkenntnis bei Descartes gewesen sei, dafür könnte (außer dem biographischen Gang seiner geistigen Entwicklung) sprechen, daß er selbst seine Einsicht immer wieder mit der mathematischen vergleicht, daß er auf Verlangen seine Grundgedanken sogar

---

[1]) Die biographische Entwicklung der Gedanken des Descartes wird in dieser Abhandlung außer acht gelassen. Siehe Henri Gouhier, La pensée religieuse de Descartes, Paris 1924, und darüber Gilson, Études sur le rôle de la pensée médiévale dans la formation du système cartésien, Paris 1930, p. 281 ff.

in euklidischer Form des Beweisgangs mitteilt (Antwort auf die
zweiten Einwände zu den Meditationen: A. T. VII, 160 ff.). Der hohe
Wert der Mathematik kommt oft zum Ausdruck: „so bleiben von
den bereits vorhandenen Wissenschaften allein Arithmetik und Geometrie, auf welche die Beobachtung unserer Regel uns zurückführt"
(A. T. X, 363).

Jedoch ist der Primat der Mathematik keineswegs absolut. Die
Mathematik ist wohl ein Leitfaden, aber nicht der Ursprung dieser
Philosophie.

Wem die Mathematik als Ursprung dieser Philosophie erschienen
ist, dem müssen zunächst die Äußerungen der philosophischen Distan
zierung der Mathematik und der Verachtung der Nurmathematiker
verwunderlich erscheinen: „Denn — so schreibt Descartes — es gibt
in der Tat nichts Törichteres, als sich mit bloßen Zahlen und eingebildeten Figuren so eifrig zu beschäftigen, daß es den Anschein gewinnt, als wollte man sich mit der Erkenntnis derartiger Nichtigkeiten
begnügen und sich diesen oberflächlichen Beweisen, die öfters durch
Zufall als durch bewußte Kunst gefunden werden ... so sehr hin-
geben, daß man sich dabei in gewisser Weise des Gebrauchs der Vernunft selbst entwöhnt" (A. T. X, 375). Ferner heißt es in bezug auf
die Regeln zur Lenkung des Verstandes: „auch würde ich diesen Regeln keinen großen Wert beilegen, wenn sie allein dazu ausreichten,
die törichten Probleme zu lösen, womit Rechenkünstler oder Geometer
ihre Mußestunden auszufüllen pflegen ..."; er spricht von „herum-
tändeln", meint bei seinen „Beispielen" aus der Mathematik, daß er
„hierbei nichts weniger als die gewöhnliche Mathematik im Sinne
habe ..." (A. T. X, 373 ff.). — Diese Geringschätzung gilt jedoch
offenbar nie der *Methode*, sondern nur dem *Gegenstand* der Mathematik, sofern dieser als für sich selbst wesentlich genommen wird.
Descartes vergißt nicht, daß er sich im mathematischen Denken die
methodische Denkerfahrung erworben hat, aus der er *alles* Erkennen
formen und zur Gewißheit bringen will. Aber dann will er den Sinn
der Geltung auch der mathematischen Erkenntnis logisch und meta-
physisch aus einem Umfassenden begründen, von dem her gesehen
der Gegenstand der Mathematik selbst, wenn er sich einen Eigenwert
geben wollte, fast bis zur Belanglosigkeit verschwindet.

Aus seiner reifen Philosophie heraus *unterscheidet* Descartes ausdrücklich zwischen *mathematischer* und *philosophischer* Erkenntnis:
„der Unterschied ist der, daß die Grundbegriffe, die zum Beweise der

geometrischen Sätze vorausgesetzt werden, von jedem zugegeben
werden, weil sie mit der sinnlichen Anschauung übereinstimmen,
so daß es im wesentlichen bei ihr darauf ankommt, die richtigen
Konsequenzen zu ziehen ... Ganz im Gegenteil macht bei den
metaphysischen Gegenständen nichts so große Mühe, als die
ersten Begriffe klar und distinkt zu erfassen ... " (A. T. VII, 157).
Wenn dies aber gelungen ist, so ist Descartes von seinen philosophischen Beweisen überzeugt, daß sie „an Gewißheit und Evidenz
den geometrischen gleichkommen, sie vielleicht sogar übertreffen"
(A. T. VII, 4).

Doch ist dieser Unterschied des philosophischen und mathematischen Denkens keineswegs ein radikaler, wie später bei Kant, der
das philosophische Denken aus Begriffen vom mathematischen
Denken aus der anschaulichen Konstruktion der Begriffe prinzipiell
unterschied (Kritik der reinen Vernunft, 2. Aufl. S. 740 ff.). Vielmehr
ist bei Descartes der Gang „synthetischer" Darstellung (in euklidischer Methode) auch für die Philosophie möglich. Nur mangelt ihr
nach Descartes die Überzeugungskraft, solange als nicht die Prinzipien
selbst auf „analytischem" Wege zu voller Evidenz gebracht sind.
Ist dies aber geschehen, so ist auch für Descartes die euklidische Darstellung recht und zwingend. Es ist daher nicht richtig, nur die Nach-
folger des Descartes, z. B. Spinoza, Wolff usw. des Mißverständnisses
zu zeihen, wenn sie die euklidische Darstellung wählten, die auch
Descartes selbst schon versuchte. Wenn Windelband sagt (Geschichte
der Philosophie, 13. Aufl. S. 332): „Die Schüler verwechselten die
schöpferisch freie Geistestätigkeit, die Descartes im Auge hatte, mit
jenem streng beweisenden System der Darstellung, welches sie in
Euklids Lehrbuch der Geometrie fanden ... ; aus der neuen Forschungsmethode wurde wieder eine ars demonstrandi", so tut er den
Nachfolgern Unrecht und träfe Descartes selbst, wenn nicht schon die
Unterscheidung Windelbands schief wäre, da sie Forschungsprozeß
und Darstellungsform, Entdeckung und Begründung, die beide zu-
sammengehören, in einen Gegensatz bringt.

Die Beschreibung der Methode. — Die Methode des Descartes
findet Gewißheit durch Rückgang auf die unbezweifelbaren Prinzipien
und dann durch ebenso gewisse Entwicklung der Wahrheiten, die aus
diesen Prinzipien sich herleiten. Der erste Weg ist die Freilegung der
intuitiven Gewißheit, die die nicht weiter zu begründende Sache selbst
als Prinzip vor Augen hat. Der zweite Weg ist die *Deduktion* aus

diesen intuitiv klaren Prinzipien. Der Sinn dieser Methode ist bei Descartes durch folgende drei Grundzüge charakterisiert:

a) Um die Klarheit und Deutlichkeit des Denkens in der *Intuition* zu gewinnen, müssen alle sinnlich anschaulichen Bilder überwunden werden. Die sinnlichen Wahrnehmungsinhalte und die auf sie begründeten Vorstellungen führen in die zerstreuende Mannigfaltigkeit und Unklarheit eines endlos Besonderen. Der Gedanke allein führt in der Evidenz der Intuition zu dem Reich des Einen, das wirklich Erkennen ist und in dem alles echte Wissen beschlossen ist.

b) Da alle Wahrheit nur überzeugend ist entweder auf analytischem Wege in den einfachen Prinzipien oder auf synthetischem Wege in der Ableitung von Satz zu Satz, so ist Wahrheit nirgends isoliert oder zufällig zu finden, und nirgends für sich allein losgelöst gewiß zu machen. Sie hat ihre volle Evidenz nur an ihrem Platz in der Kette der Analysen und der Deduktionen.

c) Wissen hat ein einziges Fundament — in der Selbstgewißheit des Denkens. Gibt es aber nur *ein* Wissen, nur *eine* Methode, so ist die Aufgabe, alles Wissen in der Einheit der Methode einer einzigen Wissenschaft, der mathesis universalis, zu fundieren. Diese Wissenschaft soll nicht die Ordnung des Wissens in einer immer auch noch unübersehbaren Mannigfaltigkeit sein, sondern die Beherrschung alles möglichen Wissens durch die Methode, welche das jeweils erwünschte Wissen erzeugen kann. Sie ist nicht das bloß systematisierende Unterscheiden von Vorgefundenem, sondern die rationale Operation als Methode, deren Besitz alles Erreichbare mit der Erkenntnis zu beherrschen erlaubt. Sie ist der Schlüssel, das, was dem Menschen überhaupt zugänglich ist, aufzuschließen.

Unbezweifelbare Gewißheit, Einheit der einen Universalmethode, das Pathos grenzenloser Möglichkeiten in den Eroberungen des Erkennens durch operatives Beherrschen — das sind die Grundzüge des methodischen Bewußtseins des Descartes. Dies ist nunmehr im einzelnen zu erörtern.

1. *Intuition:* Nicht was wir anschaulich nennen, das Wahrnehmbare und Vorstellbare (das was für die imaginatio da ist), ist Träger der letzten unbezweifelbaren Einsicht, sondern die Klarheit und Deutlichkeit als solche, deren Ergreifen Descartes Intuition nennt: „Unter Intuition verstehe ich nicht das mannigfach wechselnde Zeugnis der Sinne ... sondern ein so einfaches und distinktes Begreifen des reinen und aufmerksamen Geistes, daß über das Erkannte weiterhin kein

Zweifel übrig bleibt oder, was dasselbe ist, das Begreifen ..., das allein dem Lichte der Vernunft entspringt" (A. T. X, 368). Beispiele für diese Intuition sind, „daß jeder mit dem Geiste erfassen kann, daß er existiert, daß er Bewußtsein hat, daß das Dreieck bloß durch drei Seiten begrenzt wird und dergl., welcher Sätze es bei weitem mehr gibt als man gemeinhin denkt" (A. T. X, 368).

Descartes schärft immer wieder ein, daß wir die Sinne und die Vorstellungen überwinden müssen, um die reinen Prinzipien in der Intuition zu ergreifen. Wir sollen nicht am besonderen Gegenstand, nicht an der immer vereinzelten Vorstellung haften; nicht das Anschauen von Gestalten, Seinsbeständen, Urphänomenen, nicht das Hängen an erkannten Gegenständen führt zum Ziel der Intuition, sondern eine Loslösung von jeder Bestimmtheit des Sinnlichen, um sich aller Gegenstände durch ihre Prinzipien bemächtigen zu können. Für den Wert dieser Überwindung der Anschauung zur Intuition des nur Gedachten ist die Erfindung der analytischen Geometrie durch Descartes seine große Bestätigung: Anschauungen der Vorstellung sind einerseits geometrische Figuren, andererseits Zahlen. In der Algebra findet schon die Loslösung von der Anschauung bestimmter Zahlen statt, in der analytischen Geometrie die Loslösung von diesen Anschauungen überhaupt, um das Zugrundeliegende und Umfassende zu ergreifen, das für Geometrie und Arithmetik zugleich gültig ist und sie beide beherrschen läßt. Die analytische Geometrie — die Erfindung der Darstellung von Linien, Kurven, Flächen in einem Koordinatensystem und ihr Ausdruck durch Gleichungen — erlaubt es, alle geometrischen Anschaulichkeiten in die Form algebraischer Erkenntnis aufzunehmen. Dieses Abstrakte, in dem das Sinnliche überwunden ist, beherrscht zugleich das Sinnliche, in dessen besonderen Materien es, je nach Wahl des Erkennenden, zum Ausdruck kommen kann.

Descartes behauptet eine Wesensidentität zwischen Intuition einerseits und Klarheit und Deutlichkeit andererseits. Daß Descartes sich auf die Klarheit und Deutlichkeit als Quelle der Intuition beschränkt, scheint dadurch gefördert zu sein, daß ihm als Beispiel ständig die mathematische Evidenz vor Augen steht, in der er durch seine Verbindung von Geometrie und Algebra zur analytischen Geometrie etwas alle Anschauung Überwindendes erreicht zu haben meinte. Es wird in der Mathematik bis heute diskutiert, was der anschauliche Leitfaden der mathematischen Gewißheit ist, und ob ein solcher überhaupt notwendig sei. Descartes leugnete die Notwendigkeit eines

solchen anschaulichen Leitfadens. Er meinte gerade ohne ihn und
durch seine Überwindung in reiner Klarheit und Deutlichkeit seine ent-
scheidenden Erkenntnisschritte zu tun. Nicht klare und deutliche Anschauung, sondern Klarheit und Deutlichkeit als solche war die Er-
kenntnisquelle.

Der Begriff der „Intuition" bei Descartes ist zu befragen, ob es das
mit ihm Gemeinte überhaupt gibt, und was die Folge ist, wenn man
sich auf ihn stützt:

„Klar und deutlich" ist zunächst selbst nur klar, wenn es Klarheit
und Deutlichkeit von Etwas ist. Sonst ist es nichts. Descartes läßt
zusammenfließen die Klarheit eines in der anschaulich erfüllten
Gegenwart Gedachten — sei es Gegenstand oder Ursprung oder
Chiffre usw. — und die Klarheit als rationale Geltung einer Beziehung
oder Form, in der von Anschauung nichts mehr enthalten zu sein
braucht.

Descartes übersah ferner, daß es Gewißheit gibt, die keineswegs
schon Klarheit und Deutlichkeit in sich schließt. Dafür ist das Fundament seiner eigenen Philosophie selbst das großartige Beispiel. Sein
cogito ergo sum ist zwar gewiß, aber in solcher Unbestimmtheit, daß
diesem Wissen alle Klarheit und Deutlichkeit seines Ursprungs und
seines Gegenstandes abgeht. Descartes verwechselte die anschauliche
Gewißheit in erfüllter Gegenwart einer sich noch unendlich ent-
faltenden Möglichkeit mit der rationalen Gewißheit einer leeren Form
von Sätzen unbestimmten Inhalts.

Die Folgen dieses Selbstmißverständnisses der ersten Gewißheit
sind außerordentlich: Descartes beschränkte in der Durchführung
seine Aufmerksamkeit auf die zwingende Geltung seiner Aussagen,
die sich ihm aus dem cogito ergo sum herleiten; aber er ließ den
tiefen Sinn wie die reiche in der ersten Gewißheit verborgene Möglichkeit fast unbemerkt fallen. In Analogie dazu hatte er die Neigung,
überall die abstrakten Verstandesbegriffe (die er Ideen nennt) als sich
selbst genügende Wahrheit anzusehen, zu meinen, mit den Ideen
schon die Sachen selbst zu haben.

Jedoch im Ansatz der „Intuition" ist trotz allen Verlustes bei der
Verwandlung in zwingende Gewißheit des Verstandes ein Rest des
platonischen Aufschwungs in der Überwindung der Sinne wirksam.
Hier, wie fast überall, scheint Descartes im philosophischen Ursprung,
dem eine ganz andere Wahrheit sichtbar ist, zu beginnen, aber schnell
an der Besonderheit eines zwingenden Verstandesinhalts zu stranden.

2. *Deduktion.* Unter Deduktion versteht Descartes „all das, was sich aus bestimmten anderen, sicher erkannten Dingen mit Notwendigkeit ableiten läßt"; sie ist „eine kontinuierliche und nirgendwo unterbrochene Bewegung des intuitiv jeden Einzelschritt hervorbringenden Denkens" (A. T. X, 369). Das „Grundgeheimnis der Methode" ist ihm daher, auf das „Einfachste" zu dringen und aus ihm alles andere abzuleiten. Die einfachen Prinzipien sind ihm klar und evident, das Andere, aus ihnen Abgeleitete steht in einer Kette der Deduktionen, in der es ebenfalls nichts gibt, das nicht sehr klar wäre (A. T. IX, Teil 2, S. 2).

Die Methode stellt sich in Gegensatz zu einem bloßen Ordnen der Dinge in einem Fachwerk von Kategorien (A. T. X, 381). Sie stellt nicht nebeneinander, sondern erkennt eins aus dem andern. Sie erkennt, was sie zugleich selber hervorbringt. Das unermüdliche Unterscheiden der Begriffe, wie es die Scholastik geübt hatte, war zu großem Teile hinfällig. Weil es sich in dem Fortgang von Evidenz zu Evidenz nicht um das Ordnen einer unendlichen Mannigfaltigkeit, sondern um ihre Beherrschung durch gedankliche Operationen handelt, fielen zahlreiche bis dahin getrennte Begriffe fort; daher das häufige „sive", mit dem Descartes früher unterschiedene Begriffe jetzt gleichsetzt (Beispiele bei Eucken, Geschichte der philosophischen Terminologie, Leipzig 1879, S. 88). Die Manier, eine Schwierigkeit zu lösen durch ein „distinguendum est", wird von Descartes verachtet und von ihm selbst nur selten geübt.

Diese Methode, wie Descartes sie sieht, steht nun in einem merkwürdigen Zwielicht. Sie trifft in einer gewissen Weise den Sinn der „nova scientia", den Galilei schon mit voller Klarheit erkannt und mit glänzenden Erfolgen verwirklicht hatte, und den Kant später in dem Satz formulierte: ich erkenne nur, was ich machen kann. Dieser Sinn ist: durch apriorische Entwürfe, durch das Konstruieren einer Möglichkeit im Modell, wird eine Hypothese gedacht, deren Ergebnisse in der Erfahrung durch Messung prüfbar sind. Der Erkenntnisprozeß ist die Bewegung, in der die Methode fruchtbar wird, weil sie jeden Entwurf bis ins letzte der empirischen Verifikation unterwirft, gehorsam dem Objekt der Wirklichkeit. Daher begrenzt diese Methode sich selbst, indem sie nur solche Entwürfe zuläßt, die ihrer Natur nach verifizierbar sind, sich an quantitative mathematische Konstruktionen hält, weil nur Messungen exakte Verifikationen zulassen, und keinen Entwurf relevant findet vor der Prüfung an der Erfahrung.

Descartes hat diese moderne Wissenschaft begriffen, wenn er Experimente verlangt. Er ist in bezug auf sie klarer als Bacon, aber weit weniger klar als Galilei. Das Descartes Eigentümliche ist, daß er die neue Methode, die den großen Einschnitt in der Geschichte des abendländischen Geistes bedeutet, nicht in ihrer Reinheit festhielt, sondern sogleich wieder in der Gestalt des uralten dogmatisch konstruierenden Denkens anwandte. Das geschieht überall dort, wo er die Methode beschreibt und verwendet als ein Entwerfen ohne Verifikation, als die sich selbst genügende Konstruktion, als dogmatische Klarheit und Deutlichkeit, die dann sich selbst als Seinserkenntnis versteht. Diese Seite der Cartesischen Methode trifft Maritain in seiner geistreichen These, Descartes verwechsle die menschliche Erkenntnis mit der Erkenntnisweise der Engel (wie sie Thomas von Aquin konstruiert hatte)[1]. Die Erkenntnis der Engel sei intuitiv, eingeboren, unabhängig von den Dingen. Nach diesem Vorbild wolle Descartes irrend die menschliche Erkenntnis reformieren, die jedoch nicht intuitiv, sondern an Schlußfolgerungen gebunden, nicht eingeboren, sondern auf Erfahrung angewiesen, nicht unabhängig, sondern vom Objekt abhängig sei. Aber diese Charakteristik Maritains trifft nicht die andere, bei Descartes ebenfalls vorhandene, wenn auch zugleich ihm selbst widersprechende Seite der Methode: Descartes kennt nicht nur die Intuition, sondern auch die Deduktion, nicht nur das Eingeborene, sondern auch die Erfahrung, nicht nur die Unabhängigkeit von den Dingen in der entwerfenden Konstruktion, sondern auch die Verifikation in der Prüfung durch Beobachtung.

Die *Folgen* davon, daß Descartes die Methode so sehr von den Sinnen, der Anschauung, der Erfahrung löst oder so unentschieden sie wieder mit ihnen in Zusammenhang bringt, sind eingreifend:

a) Erstens kann Descartes die Verbindung einerseits von Denken und Anschauung, andrerseits von Denken und Körperwelt — nachdem er sie radikal gelöst hat — nicht mehr finden, obgleich er sie immer auch festhalten will[2].

Dies ist zu zeigen an der Weise, wie ihm die Gegenstände der Mathematik und der Körperwelt auf doppelte Weise da sind: im reinen Verstande (der intellectio) und in der Anschauung (imaginatio). Diese letztere kann sowohl die innere Anschauung (Einbildung) als auch die

---

[1]) Maritain, Trois Réformateurs, Luther, Descartes, Rousseau. Paris 1925.
[2]) Zum folgenden vgl. Goldbeck, Descartes' mathematisches Wissenschaftsideal 1892 (abgedruckt in: Der Mensch und sein Weltbild, Leipzig 1925, S. 296ff.).

äußere Anschauung der Wirklichkeit der Körperwelt (Sinnesanschauung) sein. Beide überwindet das reine Denken, um die Sache selbst im bloßen Verstande (intellectio) zu haben: keine gerade Linie kommt durch die Sinne, nur der Gedanke faßt sie; sie ist ihrem Wesen nach Gedankengegenstand, nicht Anschauungsgegenstand; ferner ist der körperliche Gegenstand als das, was er eigentlich ist, „nur im Denken“, wie am Gegenstand des Wachses gezeigt wird, der sowohl fest wie flüssig wie verdampft als Gas da sein kann: „Es bleibt mir also nichts übrig als zuzugeben, daß ich, was das Wachs ist, gar nicht in der Einbildung haben, sondern nur im Denken erfassen kann“ (A. T. VII, 31). So ist entschieden, „daß selbst die Körper nicht eigentlich durch die Sinne oder durch die Fähigkeit der Einbildung, sondern einzig und allein durch den Verstand erfaßt werden“ (A. T. VII, 34).

Nun aber ist die Frage, welche Rolle denn die Sinne und die Einbildung in der Erkenntnis dennoch spielen. Descartes spricht von „Applikation“ des Geistes an den Körper (cit. von Goldbeck S. 298). Die imaginatio hat für sich keine Selbständigkeit; sie ist jedoch unentbehrliches Hilfsmittel des Verstandes (wie Gilson, Commentar S. 220 Descartes versteht); aber sie ist überall auch die **Quelle des Irrtums,** sofern, wer an sie gebunden ist, nicht begreift, weil er nicht frei denkt.

Wenn die mathematischen Gegenstände — als eigentliche Denkgegenstände — doch Existenz in den Dingen selbst haben, wenn sie Geist sind und doch auch modi der ausgedehnten Substanz, weil die ausgedehnte Substanz selbst nur gleichsam als Geist erkannt wird, so ist notwendig die Frage, wie denn der Geist zu den Sinnen, wie die Sinne zum Geist kommen. Während an der Weise des Vermittelns der zunächst aufgestellten Gegensätze (ohne die ja kein Denken eine Bewegung tun kann) sich erst die Tiefe des Philosophierens offenbart (so bei Kant, dem das Problem des Mittleren zwischen Anschauung und Verstand, dann zwischen Natur und Freiheit usw. das eigentliche Thema wird), macht Descartes die scharfe Scheidung zwischen imaginatio und intellectio. Er leugnet nachher zwar nicht völlig die Beziehung des Geschiedenen; aber diese Beziehung wird bei ihm niemals klar. Sie wird mit einer beiläufigen Wendung wie „Applikation“ erläutert oder durch einen denkerischen Gewaltstreich nur scheinbar gelöst. Descartes' Bewußtsein der Methode führt ihn zu einem unproblematischen Dualismus.

b) Eine zweite Folge ist: Descartes vertraute der bloßen Klarheit und Deutlichkeit, als ob sie schon Sacherkenntnis bedeutete, so viel,

daß er sich nicht nur im Mathematischen auf sie gründet (wo die
Kontrolle an irgendeinem Leitfaden der Konstruktion, mag er sein
wie er will, das Denken vor Entgleisungen bewahrt); auch in der
Metaphysik und in der Naturforschung wagt er es, gleichsam darauf
loszudenken und ohne irgendeine andere Kontrolle, nur vermöge der
intuitiven Gewißheit vermeintlicher Klarheit und Deutlichkeit, die
verwunderlichsten Behauptungen aufzustellen (in der Physik, in der
Psychologie bei der Theorie der Leidenschaften, in der Theorie vom
Sitz der Seele in der Zirbeldrüse usw.). Trotz seiner Methode, die
auch die neue Naturwissenschaft begründen will, strömt in sein
Denken die scholastische Weise, aus bloßem Denken Metaphysik und
Naturwissenschaft zu treiben, fast ungehindert wieder ein. Das Vertrauen auf die Erzeugung wahrer Erkenntnis durch ein bloßes Denken
ist mit neuer Begründung das alte geblieben. Mag Descartes die
Syllogistik der Scholastiker verachten, er verachtet keineswegs das
Wesen des reinen, hervorbringenden Denkens, das im Konstruieren
seiner selbst Erkenntnis des Seins zu treffen meint.

c) Drittens konnte Descartes infolge der Grundauffassung seiner
Methode an die eine Universalmethode allen Erkennens glauben. Er
suchte von der Universalisierung mathematischen Denkens her, die
innerhalb der Mathematik ihren Boden behielt und reich an Ergeb-
nissen war, den Sprung zur mathesis universalis, der ihn ins Imaginäre
führte, wo die Ergebnisse ausblieben.

3. *Mathesis universalis:* Die Überwindung der immer begrenzenden
und trübenden Anschauung ergreift nach Descartes im reinen Denken
das, was in allem Erkennen *dasselbe* ist. Das ist der Grund, warum
nach Descartes die Mathematik das beste, ja einzige Erziehungsmittel
ist, durch das der Geist sich an das Erkennen der Wahrheit gewöhnt.
„Wer einmal seinen Geist an mathematisches Denken gewöhnt hat,
wird ihn auch fähig gemacht haben, andere Wahrheiten zu finden, da
das Denken überall ein und dasselbe ist" (cum sit ratiocinatio ubique
una et eadem) (A. T. V, 177, aus der Unterhaltung Burmans mit
Descartes). Dasselbe spricht Descartes aus, wenn er von „allen
Wissenschaften" sagt, daß sie „insgesamt nichts anderes sind, als die
menschliche Vernunft, die stets eine und dieselbe bleibt, mag man sie
auf noch so viele Gegenstände anwenden ..." (A. T. X, 360).

Wenn also alle Erkenntnis dasselbe ist, dann gibt es nur *eine*
Methode, die universale Methode; dann muß *eine* Wissenschaft alles
Wissen tragen. Es ist die mathesis universalis.

Das Pathos, das zwingende Gewißheit will, steigert sich in der Einsicht, daß die Methode, welche Gewißheit hervorbringt, zugleich die eine Methode ist, welche alles Erkennen beherrschen lehrt. Sie ist daher „Methode zur Lösung jeder beliebigen Schwierigkeit in den Wissenschaften" (A. T. VII, 3), das Verfahren, durch das jedes Wissen, jeder Gegenstand dem Erkennen zur Verfügung steht; die Methode führt zur Beherrschung unendlicher Möglichkeiten.

Dieses Pathos richtet sich nicht zuerst auf eine Sache, sondern auf die Methode. Nicht der Gegenstand der Erkenntnis, sondern die Weise, wie Erkenntnis gewonnen wird, ist das, worum man sich wesentlich zu bemühen hat. Wird so die Methode zum Thema, dann bleibt zwar der Sinn, daß die Methode sachliche Erkenntnis hervorbringen soll. Es ist jedoch in der Durchführung, als ob die Methode ihr eigener Inhalt werden könne. Es entwickelt sich ein Denken abseits von allen Gegenständen, bei dem die Frage auftritt, ob denn darin noch etwas erkannt werde. Das ist nun angesichts des großartigen Programms der mathesis universalis zu prüfen.

Descartes hatte den Weg zur analytischen Geometrie beschritten, in der Geometrie und Algebra in eins begriffen sind. Gegenüber allen besonderen Gebieten der Mathematik ist eine einzige, universale Mathematik gefunden: „So erkennt man schließlich, daß man zur Mathematik genau alles das rechnen muß, wobei nach Ordnung und Maß geforscht wird, und daß es hierbei gar nicht darauf ankommt, ob man dieses Maß nun in den Zahlen oder in den Figuren oder den Gestirnen oder den Tönen oder in irgendeinem anderen Gegenstande zu suchen hat, so daß es also eine bestimmte allgemeine Wissenschaft geben muß, die all das erklären wird, was der Ordnung und dem Maße unterworfen, ohne Anwendung auf eine besondere Materie als Problem auftreten kann" (A. T. X, 378). Soweit ist der Gedanke überzeugend und durch faktische mathematische Erkenntnis als richtig erwiesen. Jedoch Descartes will noch viel mehr; über alle Mathematik, auch diese universale, will er hinaus. Er sagt, daß er hierbei „nichts weniger als die gewöhnliche Mathematik im Sinne habe, sondern eine ganz andere Wissenschaft, von der die erwähnten eher eine Hülle denn Teile sind. Diese neue Wissenschaft muß nämlich die wurzelhaften Grundlagen der menschlichen Vernunft enthalten ..." (A. T. X, 374). Von ihr ist er überzeugt, daß sie, als der Quell aller übrigen, „jeder andern, nur auf Menschenart überlieferten, Erkenntnis überlegen ist."

Nun ist in der Tat ein alle Mathematik umgreifendes Denken fruchtbar geworden und von Descartes in Gang gebracht. Aber eine über die universale Mathematik hinausgehende mathesis universalis aller menschlichen Erkenntnis überhaupt ist bis heute eine ungelöste, weil wahrscheinlich unmögliche Aufgabe. Angesichts ihrer Forderung eines reinen Denkens unter Überwindung aller spezifischen Anschaulichkeit, um nun in dem Einen, das alles Erkennen ist, rein und ganz sich zu bewegen, stellen wir einige Fragen:

Ist das, worin universal gedacht wird, nicht immer noch von einem anschaulichen Charakter — nicht schlechthin leer an Anschauung, sondern nur relativ leer, weil eine weitumfassende Anschauung treffend? Ist daher die versuchte mathesis universalis, wo sie etwas erkennt, nicht doch immer an einen Leitfaden zuletzt auch anschaulichen Charakters gebunden, durch den diese Erkenntnis Gehalt, Anwendbarkeit, Wirklichkeit erhält? Ist diese mathesis universalis am Ende immer nur eine umfassende, verschiedene Anschaulichkeiten auf einen Nenner bringende Mathematik, die deren eigentümlichen anschaulichen Leitfaden bewahrt, und ist sie daher niemals wirklich universale Erkenntnis allen Seins?

Würde der Sprung, mit dem ich alle Anschauung und alle Anschauungsbezüge verlasse, nicht auch der Sprung in eine durchaus leere, also gleichgültige Erkenntnis sein — in eine Erkenntnis, die selbst nicht vollziehbar ist als dadurch, daß sie sich heftet an die leere Mitteilungsform überhaupt, an Sprachlichkeit und Aussageweisen, an gewisse Zeichen für nichts oder alles, die nichts sagen außer der Form möglichen Sagens überhaupt? Wenn mit dieser Methode auf „exaktem" Wege irgendwelche „Gegenstände" gewonnen werden, bleiben dann bei dieser Exaktheit nicht immer nur exakte „Leerstellen" in gewissen zwingenden, formalen Operationen, die entweder nichtssagend sind oder konkreten mathematischen Charakter haben?

Diese Fragen treffen die aus der Idee einer mathesis universalis entsprungenen Versuche einer Logistik, die Descartes begann. In seiner Idee aber steckt philosophisch mehr, als in solchen Infragestellungen der logischen Ausführung berührt wird. Es ist kein Zweifel, daß die Forderung des Einen, des Allumfassenden im Erkennen immer wieder aufrüttelt, ja daß sie notwendig als Anspruch dem Philosophierenden entgegentritt. Sie ist der eigentlich philosophische Anspruch und die Antwort auf ihn ein Antrieb zum Ganzen, Einen, allseitig in sich Bezogenen. Der systematische Enthusiasmus von Kant bis Hegel entspringt hier ebenso, wie die Systembauten nach Art des

Thomas von Aquino ihm entsprangen. Descartes bedeutet eine spezifische Gestalt dieses ewigen, philosophischen Antriebs. Aber nicht dieser Antrieb steht in Frage, sondern die Gestalt, die ihm Descartes im Programm der mathesis universalis gab.

Der Unterschied ist, *wie* diese Einheit gesucht wird: ob sie die Prinzipien zu lehren meint, aus denen „alles" abgeleitet wird, d. h. zugleich die Methode, welche als Universalmethode selbst alles Erkennen ist, oder ob sie aus der Idee der Einheit, die als Idee führt, aber nie als Gegenstand und Plan im Besitze ist, eine Erhellung aller Möglichkeiten des Denkens, Erkennens, Wissens will, um damit ein Innewerden des Umgreifenden zu bewirken, worin wir erkennen. Im ersten Falle ist die Einheit zugleich als Inhalt da, wird ein Bild des Ganzen in Gestalt einer Ableitung aus wenigen Prinzipien hervorgebracht; im zweiten Fall ist die Einheit als Transzendenz, vor der eine nicht vollendbare Methoden- und Kategorienlehre das erworbene Wissen und Erfahren deutlich macht und kritisch bestimmt. Im ersten Fall ist eine Vollendung das erreichbare Ziel, die ganze Wahrheit endgültig ergriffen; im zweiten Fall ist eine Klärung des innerhalb des Umgreifenden bis dahin gewonnenen Bestimmten an Wißbarkeiten, Denkmöglichkeiten und Erkenntnisweisen versucht. Im ersten Fall ist die Universalmethode der Sinn des Ganzen; im zweiten Fall kann es keine Universalmethode geben, vielmehr jeweils nur besondere Methoden. Im ersten Fall ist die Einheit da; im zweiten Fall ist die Frage nach der Einheit das stets antreibende Problem der Vernunft: der Zusammenhang und die allseitige Bezüglichkeit des Erkennbaren, die immer Aufgabe bleibt. Im ersten Fall ist das eine wahre Weltbild ein sinnvolles Ziel; im zweiten Fall ist das Ganze nur als selbst stets unvollendete philosophische Logik. Im ersten Fall wäre das eine Wahre eingefangen; im zweiten Falle erfolgen überall kritische Grenzbestimmungen in der Reflexion auf Sinn, Reichweite, Beschränkung jeder Weise des Innewerdens des Wahren.

Descartes folgt in der *Durchführung* seines Denkens überall dem ersten Fall, obgleich bei ihm im Ursprung uns die zweite Möglichkeit noch anspricht. In voller Bewußtheit kennt Descartes nur eine einzige Weise echter Gewißheit (vgl. jedoch oben S. 30), nur eine Universalmethode. Damit ergeben sich typische Konsequenzen:

a) Descartes hat keinen Sinn für die „ungenauen Wissenschaften" (z. B. Geschichte). Er rechtfertigt sie nicht, wie Aristoteles es tut, damit, daß jedem Gegenstand die ihm angemessene Erkenntnisweise

zukomme, sondern er verwirft sie. Er unterscheidet nicht die ursprünglich verschiedenen Weisen der Bemächtigung oder des Innewerdens des
Seins, nicht die konstruierende Gewißheit der Mathematik von der
naturerkennenden Gewißheit und von der existenzerhellenden Gewißheit usw. Daher vermag er auch nicht die methodische Einsicht
zwingenden Charakters, die identisch ist im Bewußtsein überhaupt
und deren Träger beliebig vertretbar ist, zu unterscheiden von der
Einsicht in existentielle Möglichkeiten aus dem Grunde eigenen
Wesens, von einer Einsicht also, die trotz Kommunikation nicht von
beliebig vertretbaren Individuen identisch verstanden wird.

Die Faszination durch den Gedanken der Universalmethode läßt
ihn ferner das Erfinden des Forschers nicht unterscheiden von der
methodischen Mechanisierung des Beweisens; die Methode scheint
gehandhabt werden zu sollen sowohl zum Herausfinden und *Bestätigen*
schon gewonnener, aber bisher nicht gewiß begründeter Wahrheit, als
auch zum *Entdecken* neuer Wahrheit (daher kann Descartes von seiner
Methode — indem sie zu einem identisch übertragbaren, fast mechanischen Apparat wird — erwarten, daß sie wie von selbst weitergehen
wird in grenzenlosem Erfinden; der Sinn für das eigentlich schaffende
Finden und Erfinden, das nicht Berechenbare, das zur Methode erst
führt, aber nicht notwendig aus Methode geschieht, geht ihm verloren). So wird ihm auch das methodische Umgehen mit sich selbst
zu einem einzigen: das Wissen und Einsehenkönnen auf Grund der
Übung in einer Methode der Forschung fließt ihm zusammen mit der
Einsicht auf Grund der Selbsterziehung des Wesens im inneren
Handeln.

b) Die Universalmethode geht auf das Erkennbare überhaupt, muß
sich daher zunächst von allem Inhalt lösen, und kann diesen nachher
nicht zurückgewinnen. Der bewußte Sinn cartesischen Denkens beschränkt sich auf die Erkenntnis von Wahrheit, deren Inhalt jedermann, jedem Verstandeswesen identisch ist, d. h. auf das existentiell
Indifferente. Und dieses Erkennen soll durch den Verstand vollzogen
werden, der nichts als sich selbst hat.

Jedoch die Voraussetzung eines Verstandes, der hervorbringen soll,
muß in die Irre führen, weil der Verstand nur hervorbringt, wenn er
zugleich aufnimmt, was nicht Verstand ist. Wahrheit ist zu unterscheiden nach der Herkunft ihres Inhalts. Soll Wahrheit schon im
Denken an sich selbst sein und wird dann eine Beschränkung auf dieses
Denken als die universale Methode der Wahrheitserkenntnis vollzogen,

so müssen Folgen für den so Denkenden eintreten, der doch lebendig
da und mögliche Existenz ist; diese Folgen sind in der uns ver-
schlossenen Persönlichkeit des Descartes für uns kaum zu beobachten;
sie treten bei ihm nicht ein, da er faktisch überall mehr ist, als was
diese Philosophie ausspricht, und dies in den Ansätzen seines Denkens
zeigt. Jedoch im Sinn der Methode, wenn sie in vollem Ernst unein-
geschränkt für die Wahrheit selbst genommen würde, lägen folgende
Konsequenzen: Es muß sich dem so Denkenden das Andere bemerkbar
machen auf eine nicht-rationale Weise. Da es nicht aufgefangen und
nicht erhellt wird, so muß es entweder verworren, sich in wechselnden
Absolutheiten gebend, das Leben erst recht beherrschen, oder es muß
bewußt als das geltende Andere anerkannt werden, vor dem dieses
ganze Denken sich zu einem bloßen Spiel erniedrigt als privater Versuch ohne Weg für andere. —

Gegen die Idee der Universalmethode und gegen die damit verbundene Loslösung der Methode vom Inhalt steht die Idee einer philosophischen Logik, welche die Wahrheit in der Vieldimensionalität
ihrer Gestalten und der Methoden zeigt. Gegen den Weg des Descartes
findet sie folgende zuletzt unüberwindbaren Voraussetzungen im Dasein
des vernünftigen Menschen:

a) Was im wahren Erkennen offenbar wird, steht im *Verhältnis zum
Sein dessen, dem es offenbar* wird. Es gibt Hierarchien der Wißbarkeiten im Zusammenhang mit Hierarchien des Menschseins. Und es
gibt die Abgleitungen und Verdünnungen alles Wissens zu einem
bloßen Verstandesinhalt, zu entleerten Hülsen eines früher einmal
ursprünglich Gewußten, zur Unklarheit in der Klarheit bloß begrifflichen, definitorischen Meinens.

b) Was immer erkannt wird, erfordert bei methodischer Besinnung
die Frage, wo der *Kontakt mit dem Wirklichen* vollzogen ist, durch das
die Erkenntnis erst erfüllt ist. Das kann geschehen in Naturbeob-
achtung, in Messung und Zählung, im Verstehen eines sichtbaren
Ausdrucks, — oder im inneren Handeln, im Sichhervorbringen und
Sichgeschenktwerden, — oder im Seinsinnewerden durch Lesen der
Chiffreschrift und Fühlbarwerden der Transzendenz.

c) Methode ist nie *Methode an sich*, sondern *Methode für Etwas*. Es
kommt darauf an, die Sache gegenwärtig zu machen, die Wirklichkeit
zu erfahren, sich selbst zu verwirklichen usw. Die methodische
Operation hat nur soweit Sinn, als ihr solche Verwirklichung gelingt;
ohne das bleibt sie leer, endlos, bodenlos.

Trotzdem die Erscheinung des cartesischen Denkens so entschieden abzuführen scheint von erfüllendem Erkennen, bleiben darin doch zwei Momente ansprechend, weil sie im Ansatz auf etwas gerichtet waren, das in der Durchführung verloren ging:

1. Die *Methode* kann in der Tat an einem Punkte *mit der Sache zusammenfallen*, dort, wo es sich nicht mehr um die Erkenntnis von Etwas handelt, sondern um die Denkvollzüge, in denen mögliche Existenz im Medium der Vernunft transzendiert zum metaphysischen Seinsinnesein. Hier ist in der Methode selbst gegenwärtig, was über die Methode hinaus keinen Gegenstand hat. Es ist das Eigentümliche der echten Spekulation. Descartes hat sie nicht bewußt gewollt, sie insofern nicht verstanden, wenn er sie vollzog. Daß sie verborgen, zumeist bis zum Verschwundensein verloren, zuweilen elementar in einzelnen Sätzen offenbar ist, macht es begreiflich, daß die echtesten Philosophen Descartes — wenn auch durchweg zugleich in der Form kritischer Ablehnung — bewunderten.

2. Die *Idee der Einheit alles Wissens* als Grund der Einheit aller Wissenschaften ist eine Wahrheit, die mit dem Anfang des Philosophierens selbst offenbar wird. Wenn auch die Gestalt einer Universalmethode und einer mathesis universalis nicht die angemessene ist, um diese Einheit zu realisieren, so sind doch Reflexionen Descartes' auf mannigfache Weise von dem Einheitspathos bewegt, das unbestimmt und daher noch nicht mit der von ihm gegebenen spezifischen Lösung belastet ist.

So wendet er sich gegen die endgültige Besonderung und Spezialisierung in den Wissenschaften. Es sei ein radikaler Unterschied zwischen Wissenschaften und „Künsten": in den Künsten sei der Mensch nur dadurch groß, daß er jeweils eine von ihnen ausüben könne; mehrere stören sich gegenseitig und schließen sich beim selben Menschen aus, wie Ackerbau und Zitherspiel (A. T. X, 359—360); zwischen den verschiedenen Wissenschaften dagegen finde eine gegenseitige Förderung statt, wenn sie vom selben Menschen betrieben werden. Alle Wissenschaften sind derart miteinander verknüpft, daß es bei weitem leichter ist, sie alle insgesamt zu erlernen, als eine einzige von den übrigen loszulösen. Will also jemand ernsthaft die Wahrheit erforschen, so darf er sich nicht nur um eine Einzelwissenschaft bemühen (A. T. X, 361). Den Grund sieht Descartes in der Einheit der menschlichen Vernunft, die es nicht ohne Schaden für die Wahrheit verträgt, daß der Mensch sich innerhalb ihres Bereiches beschränke.

In Descartes wirkt der philosophische Antrieb zum einen Kosmos
des Wissens im Unterschied von der Haltung des spezialistischen
Naturforschers, der einmal betretene Forschungswege in Einzelent-
deckungen auch ohne philosophischen Sinn fortsetzen kann. Doch
das bloß Richtige bekommt Sinn nur durch Bezug auf das Eine, den
Geist selbst (die bona mens): „alles übrige hat nicht so sehr an und
für sich Wert, als sofern es hierzu einen Beitrag liefert" (A. T. X, 360).

2. Die Ausübung der Methode.

Die Methode kann sich doch erst bewähren in der Ausübung selbst.
Wir haben zu beobachten, was Descartes mit der Methode tut und
an Erkenntnis erobert. Und zwar prüfen wir zuerst, wie seine methodische Erkenntnis *inhaltlich* aussieht, zweitens, wie die Methode in
seiner *Wissenschaftsgesinnung* erscheint, und drittens, wie seine
Methode in der *Endabsicht* der Philosophie, dem Umgreifenden allen
Denkens, sich zeigt.

**Die Methode in der Naturforschung und in der Entfaltung des Welt-
bildes.** — Das Weltbild des Descartes hat historisch eine bezwingende
Macht gehabt. Die scharfe Trennung von Seele und Körper und die
mechanische Naturauffassung sind Grundzüge des Denkens durch
Jahrhunderte geblieben. Aber es ist die Frage, in welchem Sinn diese
Positionen bei Descartes auftreten und in welchem Sinn ihnen etwa
wissenschaftliche Wahrheit zukommt.

Entsprechend seiner Methode entwirft Descartes ein Weltbild, indem er die *Prinzipien* des Daseins herausstellt, und dann aus diesen
alles, was wirklich ist, *ableitet.*

Die Prinzipien sind mit den ersten Positionen, in denen der univer-
selle Zweifel überwunden wird, sogleich gegeben; die erste Gewißheit
schließt für Descartes die Scheidung von Seele und Körper sogleich in
sich: „Indem ich nun erwog, daß derjenige, welcher sich bemüht, an
allem zu zweifeln, trotzdem nicht daran zweifeln kann, daß er selbst
existiert, solange er zweifelt, und daß dasjenige, was so denkt und
nicht an sich selbst zweifeln kann ... nicht dasjenige sein kann, was
wir als unseren Körper bezeichnen, sondern was wir unsere Seele oder
unser denkendes Bewußtsein nennen, so habe ich die Existenz dieses
denkenden Bewußtseins als erstes Prinzip angenommen ..." (A. T.
IX, 2. Teil, p. 10). Aus dem philosophischen Ursprung des cogito

efgo sum hat sich für Descartes das Wissen von der psychologischen
Wirklichkeit des Bewußtseins entwickelt.

Nun ist in der Tat von Descartes zum erstenmal mit aller Konsequenz der ungeheure Sprung aufgezeigt, der zwischen dem Bewußtsein und allem, was Gegenstand des Bewußtseins ist, ohne selbst
Bewußtsein zu sein, besteht. Diese Wahrheit ist für einen Vordergrund
der erforschbaren Phänomene des Daseins von einem notwendigen
Gesichtspunkt aus richtig und könnte als solche nur unter Verlust der
Wahrhaftigkeit rückgängig gemacht werden. Von Descartes aber ist
sie in eine metaphysische Behauptung von *zwei ursprünglichen Substanzen* verwandelt worden [1]). Damit ist zuviel behauptet: als ob
durch jene Scheidung das Dasein im Ganzen in seinen Wurzeln erkannt
wäre; und es ist etwas Falsches behauptet, weil *Konsequenzen* eintreten, die die Behauptung selbst unmöglich machen:

Erstens: Der Tatbestand, daß — wenn auch Seele und Körper
radikal geschieden sind — der Mensch doch Seele *und* Körper ist, daß
ferner die Erfahrung die Seele nie körperlos zeigt, und daß der über-
mächtige Einfluß des Körpers auf das Leben der Seele wenigstens eine
Bedingung bedeutet, ohne die kein Seelenleben stattfindet, soll von
Descartes begreiflich gemacht werden. Wie sind Seele und Körper
verbunden? Descartes antwortet darauf ohne Forschung, allein aus
der Imagination seines Denkens, daß in der Zirbeldrüse diese Verbindung stattfinde. Die unmöglichen Voraussetzungen — die bestimmte Räumlichkeit einer gerade als unräumlich gekennzeichneten
Seele, der Einfluß der nichtkörperlichen, räumlich punktuell da-
seienden Seele auf körperliche Vorgänge — haben diese Lehre, zumal
heute der anatomische und physiologische Charakter der Zirbeldrüse
diese als ein für die Leistungen des Gehirns nicht im Mittelpunkt
stehendes Nebenorgan erweist, als einen wunderlichen Gedanken
erscheinen lassen, obgleich sie ihrem Sinn nach einen zentralen Platz
im Weltbild des Descartes hat.

Zweitens: Für Descartes müssen alle diejenigen Phänomene der Wirklichkeit, in denen jene Unterscheidung von Seele und Körper nichts

---

[1]) Die sofortige, methodisch unbefragte, für den Gedankengang einen Sprung
bedeutende Anwendung der Kategorie Substanz war der scholastischen Bildung
des Descartes als selbstverständlich erwachsen (Descartes war im scholastischen
Sinne, sofern man diese hier nicht mehr ganz angemessenen Kategorien an-
wendet, erkenntnistheoretisch nicht Nominalist, sondern Realist). Über die
Bedeutung der Substanz-Kategorie bei Descartes vgl. Gilson, Kommentar
S. 302 ff.

erhellt, aus dem Blickfeld kommen; so z. B. alle Ausdrucksphänomene; die Wirklichkeit des Menschen als Menschen; sogar auch das lebendige Dasein der Tiere, die für ihn in einer in ihrer Absurdität großartigen Konsequenz, weil sie ohne Denken sind, zu bewußtlosen Automaten werden.

Das sind Beispiele für die Unmöglichkeit, Seele und Körper als zwei Substanzen, nachdem ihre absolute Scheidung einmal vollzogen ist, nachher wieder auf eine begreifliche Weise zu verbinden. Was phänomenologisch, d. h. für einen Aspekt des Daseins, richtig ist — die scharfe Scheidung von Bewußtsein als Innerlichkeit und räumlicher Gegenständlichkeit als äußerer Ausdehnung — wird zu einer unbewegten metaphysischen Hypostasierung ohne Antrieb und mit lauter unlösbaren und sofort existentiell gleichgültig wirkenden Fragen. Die Verabsolutierung eines in Grenzen berechtigten Dualismus verschließt durch ihre Stabilisierung den Blick.

Die *weitere Deduktion* des Descartes will nun jede Substanz für sich erkennen. Sein Hauptthema wird die *ausgedehnte Substanz*, d. h. das räumlich-körperliche Dasein der Dinge. Was diese wirklich sind, sind sie uns nach Descartes allein als klar und deutlich erkannte. Klar und deutlich sind sie aber nur nach Größe, Ausdehnung, Figur usw. Daher sind alle Qualitäten, Farben, Töne, Gerüche subjektiv. Um die natürliche Welt als das ausschließlich quantitative Geschehen von Druck und Stoß der Körper- und Kraftgrößen rein nach mathematischer Art zu begreifen, hat die Naturforschung diese sogenannten „sekundären Sinnesqualitäten" als objektiv unwirklich auszuschalten. „Ich nehme in der Physik keine anderen Prinzipien an als in der Geometrie oder in der reinen Mathematik und halte das auch nicht für angebracht, da auf diese Weisen alle Naturerscheinungen erklärt werden und gewisse Beweise von ihnen gegeben werden können" (A. T. VIII, 336 zu 78—79).

Im weiteren Gang der Deduktion dieser mechanistischen Physik unterscheidet Descartes das Erkennen der Natur im *ganzen* von der dann erst folgenden Erkenntnis der endlos vielfachen, *besonderen* Dinge. Die Erkenntnis im ganzen glaubt er in den Prinzipien zu besitzen und auch in dem, was aus ihnen abgeleitet wird. Die Prinzipien, die die alten Philosophen aufstellten, werden verworfen; sie „setzten alle etwas als Prinzip voraus, das sie selbst nicht hinreichend vollkommen erkannten", so die Schwere, das Leere und die Atome, das Warme und Kalte, Trockne und Feuchte, das Salz, den Schwefel, das

Quecksilber usw. (A. T. XI, 2. Teil, p. 8). Descartes dagegen stellt
die Prinzipien auf, die nach seiner Ansicht allein wahr, weil klar und
deutlich sind. Sie bedeuten jene endgültige Einsicht in die Natur im
ganzen von diesen Prinzipien her über die Himmelserscheinungen bis
zu den Vorgängen auf der Erde: „Dazu gehört die Erklärung der ersten
Gesetze oder Prinzipien der Natur und die Art und Weise, wie der
Himmel, die Fixsterne, die Planeten, die Kometen und überhaupt das
ganze Universum sich zusammensetzt; sodann im besonderen die
Natur dieser Erde, der Luft, des Wassers, des Feuers, des Magneten,
welche Körper überall um die Erde herum vorzukommen pflegen, und
aller Qualitäten, die wir in diesen Körpern entdecken, z. B. Licht,
Wärme, Schwere und dergl." (A. T. IX, 2. Teil, p. 16).

Das alles glaubt Descartes aus den Prinzipien erklärt zu haben. Dagegen „in derselben Weise die Natur eines jeden der Einzelkörper
auseinanderzusetzen ... also die der Mineralien, der Pflanzen, der
Tiere ...", das erst würde „ein vollständiges System der Philosophie"
geben. Daß Descartes dieses nicht bis in alle Einzelheiten durchführt,
begründet er u. a. auch damit, daß das einem einzelnen in begrenzter
Lebenszeit nicht möglich sei und er dazu viele Experimente brauche,
zu denen große Ausgaben erforderlich wären, die er als Privatmann
sich nicht leisten könne (A. T. IX, 2. Teil, p. 17).

Dieses hier nicht darzustellende, im ganzen von ihm durchgeführte
Weltbild des Descartes haben wir nun zu charakterisieren. Es ist eine
lange herrschende Auffassung gewesen, daß es mit dem Inhalt der
neuen Naturwissenschaft zusammenfalle und deren Weg entscheidend
mitbestimmt habe. In der Tat nimmt Descartes im Gang seines Philosophierens aus den Prinzipien auch die neue mathematische Naturwissenschaft auf, die gleichzeitig und vor ihm von Galilei und Kepler
und Kopernikus verwirklicht war, als ob sie nunmehr auch aus seinen
Prinzipien allgemein folge. Aber diese Wissenschaft erfährt dadurch
nicht nur keinen Zuwachs an Sicherheit und Evidenz, sondern wird
durch Descartes auf eine Weise durchgeführt und verabsolutiert, die
dem Sinn dieser Wissenschaft selbst fremd ist:

Naturforschung geschieht in einem jeweils Besonderen, und mag
dieses noch so weitumfassend sein, durch jeweilige Hypothesen. Deswegen umfaßt die Forschung in einer ständigen Bewegung zwischen
gedanklicher, hypothetischer Konstruktion und messender Verifikation oder Widerlegung und Umbau der Hypothese niemals das Ganze.
Descartes' Sinn dagegen ist das Wissen vom Ganzen der Natur als ein

endgültiges Wissen, während im besonderen noch weitere Feststellungen erfordert bleiben.

Während die ihrer konkreten Methode bewußte Forschung Aspekten des Daseins nachgeht, sie zu voller Gegenwart bringt und sie auf die ihnen angemessene Weise erforscht — wobei das Daseiende nicht eins wird oder bleibt, sondern in Perspektiven der Wirklichkeit zerrissen wird — will Descartes das Ganze der Wirklichkeit in einem einzigen Griff des Gedankens, wenigstens in den Prinzipien, durchschauen. Dabei entsteht ihm statt Forschung ein wesentlich bloß denkendes Ableiten der Wirklichkeit und damit vielfach ein grundloses Behaupten gegen Erfahrung und Augenschein.

Descartes und der neuen Naturwissenschaft ist gemeinsam, daß für sie nur die auf Mathematik beruhende Naturforschung eigentlich Wissenschaft ist. Aber die Weise, wie sie die Mathematik bewerten und verwenden, ist ganz verschieden. Für die Naturforscher beruht der Wert der Mathematik darauf, daß nur die mathematische Theorie so exakte Konstruktionen ergibt, daß die Beobachtung der Natur selbst exakt werden kann und dadurch die Theorien wirklich zu verifizieren oder zu widerlegen vermag; während die frühere und andere Erfahrung das nur Beschreibbare als mit Konstruktionen irgendwie unbestimmt und ungefähr übereinstimmend darzustellen vermag, kann diese mathematisch begründete Erfahrung z. B. aus der minimalen Abweichung von 8 Minuten (bei Zeiträumen von Jahren) in Kepler zur Entdeckung der wirklichen Naturgesetze des Planetenumlaufs führen. Für Descartes aber war die Mathematik relevant durch ihre Evidenz an sich. Sie vermochte dem dogmatischen Gewißheitstriebe Nahrung zu geben und verführte, die Konstruktion selbst schon für wirklich zu halten.

Das Natursystem des Descartes war also erdacht, aber nicht durch Erfahrung begründet und nicht wie eine exakte Hypothese geeignet, zu Forschungen zu führen. Seine Wirbelhypothese gab ein Weltbild, wie immer wieder Philosophen sich ein Bild des Ganzen gemacht hatten; aber sie war ungeeignet, in rechnerischer Ausführung und Verifizierbarkeit zur mathematischen Grundlage der Forschung zu dienen: sie brachte keine neue Erfahrung. Nicht der Geist der Naturforschung herrschte, für die die mechanistische Auffassung ein fruchtbares Forschungsmittel war, sondern vielmehr der Geist einer mechanistischen Weltauffassung, welche ein solches Weltbild als Philosophie hinstellt. Man wandte sich in der Nachfolge des Descartes oft gegen die ungezügelten Spekulationen früherer Zeit und brachte selbst doch nur eine in der Denkform, keineswegs im Inhalt, gezügelte neue Spekulation hervor: die Dogmatik dieser mechanisch gedachten Welt.

Die Folgen dieses Denksystems der Natur bei Descartes sind offensichtlich: *Erfahrungsfremd*[1]) entstanden ließ es Descartes die Weite der Erfahrungswelt noch mehr verlieren. Daher haben sich einerseits seine theoretischen Aufstellungen in der Folge durchweg als falsch erwiesen, und machte er andererseits so absurde Behauptungen, daß nur ein seinsblindes Auge aus der leeren Konsequenz eines den Sachen fernen Denkens dazu kommen konnte.

Es ist darum begreiflich und kennzeichnend, daß Descartes die zeitgenössische Naturwissenschaft in Galilei *verkannte*. „Alles — so schreibt er — was er (Galilei) über die Geschwindigkeit der im leeren Raum fallenden Körper sagt usw. ist ohne Fundament aufgestellt; denn er hätte zunächst bestimmen müssen, was die Schwere ist; wenn er diese gekannt hätte, hätte er gewußt, daß sie im leeren Raum gleich Null ist" (A. T. II, 385; III, 9). Das nun ist gerade die scholastische Forderung, die auch noch Bacon vertrat, während die neue,

---

[1]) „Erfahrung" hat einen mehrfachen Sinn. Descartes war erstens keineswegs erfahrungsfremd im Sinne des Weltmannes, der menschliche Zustände, Gefahren der Situation, gesellschaftliche Unausweichlichkeiten kennt und die Wirkungen des Handelns in dieser Welt bedenkt. Zweitens bezeugt er eine Weise von Erfahrungen, wenn er in Erinnerung an seine Reisen, an seine Gegenwart bei großen Schauspielen und Ereignissen (wie bei der Belagerung von La Rochelle, der Kaiserkrönung in Frankfurt usw., ferner in seinen Kriegsdiensten) sagt: „Nachdem ich aber einige Jahre darauf verwandt, so in dem Buche der Welt zu studieren und zu versuchen, mir einige Erfahrung zu erwerben, faßte ich eines Tages den Entschluß, auch in mir selbst zu studieren..." (A. T. VI, 10). Es handelt sich schon hier wohl mehr um ein Zuschauen als um ein sich versenkendes Dabeisein, selbst in seinen Kriegsdiensten, in denen er nach allem, was wir wissen, tapfer war, aber weder militärische noch politische Sachleidenschaft hatte. Drittens besaß Descartes eine bewußt aufgesuchte Erfahrung in der Betrachtung menschlicher Werke, von Schiffen, Maschinen, Fortifikationen und dergl., auch Erfahrung in gelegentlichen Tiersektionen und Versuchen. Aber wir finden in seinem Leben kein Zeichen eigentlicher Naturnähe. Es ist, als ob Descartes durch eine Welt ginge, die ihm in aller Sichtbarkeit ihrer Erscheinungen doch wie verschleiert blieb. Viertens besaß Descartes umfassende Kenntnisse von den Naturforschungen seiner Zeit. Aber er nahm sie vorwiegend gedanklich auf, widerlegte und konstruierte theoretisch, als ob ein Gedanke für sich schon etwas bedeutete. Daß unter seinen Gedanken auch einige sich finden, die spätere Erkenntnis „vorwegnehmen", das ist bei ihm wie bei allen philosophischen Weltbildkonstrukteuren vom Altertum bis heute. Die Gedanken sind jedoch erst wesentlich, wenn der Entdecker kommt, der sie — meist ohne seine bloß gedanklichen Vorgänger zu kennen — mit der Erfahrung, durch Aufzeigung der Weise ihrer Erfahrbarkeit in messenden Feststellungen, in Verbindung bringt.

fruchtbar voranschreitende Naturwissenschaft die Frage nach dem
Wesen eines Dinges als unbeantwortbar beiseite läßt, um nur die Gesetze des Geschehens zu erforschen. Daher aber kann die neue Naturwissenschaft im Gegensatz zu allen bis dahin aufgestellten Welt-
bildern auch nicht die Prinzipien aller Dinge feststellen, sondern
nur im besonderen, planmäßig nach glücklichem Einfall kon-
struierend, Beobachtungen ermöglichen und ausführen, die wirklich exakte, d. h. genau feststellbare Antworten auf die der
Natur vorgelegten Fragen sind. Was die neue Naturwissenschaft
ihrem Sinn nach, im Interesse des Erwerbs wirklicher Erkenntnisse, *nicht* will, das versäumt zu haben, wirft Descartes dem
Galilei vor: „ohne die ersten Ursachen der Natur betrachtet zu haben,
hat er nur die Gründe für einige partikulare Tatsachen gesucht und
so ohne Fundament gebaut" (A. T. II, 380). Und charakteristischer
Weise findet Descartes diesen vermeintlichen Mangel der Galileischen
Forschung auch im Denkstil des Galilei: Obgleich Galilei besser
philosophiere als es gewöhnlich geschehe, weil er die Naturtatsachen
durch mathematische Gründe begreifen wolle, sei er doch darin sehr
mangelhaft, daß er fortwährend Abschweifungen mache und nicht
anhalte, um eine Sache vollständig auseinanderzusetzen; das zeige,
daß er sie nicht nach einer Ordnung untersucht habe (A. T. II, 380).
Descartes verkennt so die freie und gründliche Weise des stets nur in
besondere Sachen eindringenden Naturforschers. Er fühlte die Ver-
wandtschaft in der Anwendung der Mathematik; aber er verstand
nicht den Nerv der Methode der neuen Naturwissenschaft. Während
Galilei und Kepler sich wirklich verstanden, liegt zwischen Galilei
und Descartes ein Abgrund.

Es ist aus alledem nicht überraschend, wenn immer wieder Naturforscher das naturwissenschaftliche Denken des Descartes abgelehnt
haben. So sagt Newcomb (Astronomie, Deutsche Bearbeitung 1892,
S. 65) über die Wirbeltheorie des Descartes, die für einige Zeit sogar
der Gravitationstheor'e Newtons das Feld streitig machen konnte —
was nur zu begreifen sei aus dem hohen Ansehen des *Philosophen*
Descartes —: „Hätte Descartes zeigen können, daß die Teile dieses
Wirbels in Ellipsen, in deren einem Brennpunkt die Sonne steht, sich
bewegten, daß sie gleiche Flächen in gleichen Zeiten beschreiben, und
daß die Geschwindigkeiten sich dem dritten Keplerschen Gesetze
gemäß ändern müßten (mit einem Worte: hätten sie die schon bekannten Keplerschen Gesetze begreiflich gemacht), so würde seine

Theorie genügt haben. Da er dies aber nicht vermochte, muß seine Hypothese eher als Rückschritt denn als Fortschritt der Wissenschaft betrachtet werden." — Der Akademiker Delambre urteilte in seiner Histoire de l'Astronomie: „Descartes renouvelait la méthode des anciens grecs, qui dissertaient à perte de vue, sans jamais rien calculer; mais erreur pour erreur, roman pour roman, j'aimerais encore mieux les sphères solides d'Aristote que les tourbillons de Descartes. Avec ces sphères on a du moins fait des planétaires, qui représentent en gros les mouvements célestes, — on a pu trouver des règles approximatives de calcul; *on n'a jamais pu tirer aucun parti des tourbillons*, ni pour le calcul, ni pour les machines" (zit. nach Rudolf Wolf, Geschichte der Astronomie, München 1877, S. 468).

Man muß durchaus unterscheiden: Während Descartes in der Geschichte der Mathematik durch dauernd wertvolle Entdeckungen einen unersetzlichen Platz einnimmt, ist er im Grunde ohne oder eher nur von hemmendem Einfluß auf die Geschichte der Naturwissenschaft.

Aber gerade das Ganze eines gar nicht erkannten, sondern nur konstruierten Weltbildes übte durch Einheitlichkeit, Eleganz der Darstellung, Versprechungen der Methode, Konsequenz der reinen Gedanklichkeit, durch Fundierung in einer umgreifenden Philosophie den Zauber aus. Diese Wirkung des Descartes durch Darstellung eines Ganzen war eine der lähmenden Faszinationen der neuen Jahrhunderte, für die weder die neue Naturwissenschaft, noch die Philosophie an sich die Schuld tragen. Es ist eine historisch einmalige Verflechtung von Motiven in Descartes, die zu diesem in der Wurzel scholastisch-dogmatischen, im Stoffe modern-naturwissenschaftlichen, in der Form rational-zwingenden (aber nur vermeintlich zwingenden) Gebilde führten.

Die Methode in der Wissenschaftsgesinnung. — Um die eigentümliche Verflechtung in der Wissenschaftsgesinnung des Descartes zu verstehen, müssen wir die Reihe der Antriebe vergegenwärtigen, die für die neue Wissenschaft charakteristisch sind. Es sind erstens der Wille zur zwingenden, unbezweifelbaren Gewißheit, zweitens das Denken, das sich nur als im Experiment bestätigt für wertvoll hält, drittens die Forscherhaltung, die dem erkennbaren Einzelnen den Vorzug gibt vor dem unerkennbaren Ganzen, und der Gedanke, mit der Forschung einem unabsehbaren, unendlichen Fortschritt der Wissenschaft zu dienen, viertens der Wille zur technischen Wirkung, fünftens das Pathos des Neuen. Diese fünf Züge der Wissenschaftsgesinnung sind der modernen Wissenschaft gemeinsam, die nach vereinzelten Vorboten endgültig im Zeitalter des Descartes zu einem breiten, nicht mehr unterbrochenen Strom anwuchs. Sie alle finden sich auch bei Descartes, jedoch so, daß keiner von ihnen in dem bestimmten Sinn der neuen Wissenschaft festgehalten wird oder daß jeder auf eine dieser Wissenschaft ungemäße Weise sich verwirklicht. Das ist im Einzelnen zu sehen.

a) Der *Wille zur zwingenden Gewißheit:* Descartes will „zur Zustimmung zwingen" (A. T. X, 363); er will „eine den arithmetischen und geometrischen Beweisen gleichwertige Gewißheit" erreichen (A. T. X, 366). Daher weist er „alle bloß wahrscheinliche Erkenntnis" zurück (A. T. X, 362).

Die sinnvolle und der neuen Wissenschaft zugehörige Folge ist, daß Descartes, im Bewußtsein der Grenzen des Erkennens, sich auf solche Gegenstände beschränken will, zu denen „unser Geist zureicht" (A. T. X, 362). Um die mögliche Erkenntnis wirklich zu erreichen, müssen wir es uns zur Regel machen, unsere Zeit nicht zu mißbrauchen, „wie das viele tun, die alles, was leicht ist, vernachlässigen und sich nur mit schwierigen Dingen beschäftigen. Hierüber stellen sie dann allerdings die feinsten Vermutungen und recht wahrscheinliche Gründe in geistreichster Weise auf, bis sie am Ende nach vieler Mühe zu spät bemerken, daß sie bloß die Menge des Zweifelhaften vermehrt, aber keine Wissenschaft kennengelernt haben" (A. T. X, 364). Verwerfend warnt daher Descartes, „daß es weit leichter ist, bei einer beliebigen Frage irgend etwas zu mutmaßen, als bei einer noch so leichten bis zur Wahrheit selbst vorzudringen" (A. T. X, 366).

Hier wird die Wahrheit eines neuen Wissenschaftsethos klar ausgesprochen. Aber Descartes verliert sie erstens durch seine Vernachlässigung aller Weisen der Gewißheit zugunsten der einen angeblich absolut zwingenden, und zweitens durch Verabsolutierung dieser Gewißheit zur vermeintlich nicht mehr bezweifelbaren, endgültig feststehenden Einsicht. So richtig es ist, gegen das Spiel des mühsamen und ergebnislosen Vermutens und des Imaginierens endloser Möglichkeiten für den Sinn substantieller Erkenntnis einzutreten, so wenig wird hier das Recht des bloß Wahrscheinlichen, die exakte Arbeit mit dem Wahrscheinlichen, das Recht der ungenauen Wissenschaften, deren Gegenstand seinem Wesen nach die zwingende Erkenntnis für sich nicht zuläßt, überhaupt das Recht zu allen methodisch bewußten Weisen des Ergreifens einer existentiell sinnvollen Wahrheit erkannt. Indem Descartes alle Wahrheit auf der einen einzigen Ebene zwingender Gewißheit sieht, versäumt er die Wahrheit selbst. Und dies geschieht vor allem auch dadurch, daß sein Verhängnis ihn in den Bereichen der Naturforschung als vermeintlich gewiß erkennen ließ, was sich in der Folge überwiegend als falsch herausstellte.

b) *Denken und Erfahrung (Experiment):* Descartes bemerkt einmal, daß die Dinge der Erfahrung oftmals aus seinen Prinzipien auf verschiedene Weise abgeleitet werden können. Um dann die richtige Ableitung zu finden, gibt es „kein anderes Hilfsmittel als von neuem nach einigen Erfahrungen zu suchen, die derart sind, daß ihr Ergebnis, je nachdem man sie in der einen oder in der anderen dieser Arten erklären muß, verschieden ist" (A. T. VI, 65).

Das klingt freilich, als ob Descartes die moderne Naturforschung in ihrem methodischen Prinzip begriffen hätte: die Wechselwirkung des konstruktiven hypothetischen Gedankens und des Experiments, nämlich die Notwendigkeit, die Konsequenzen des Gedankens durch Erfahrung zu bestätigen oder zu widerlegen und damit die Konstruktion selbst zur Verwandlung zu zwingen. Doch das ist von Descartes keineswegs zu klarem, festgehaltenem Bewußtsein erhoben. Vielmehr spricht er ebenso unbestimmt wie Bacon von unendlichen Versuchen, die noch zu machen sind. Und in seiner Erkenntnisweise herrscht eine dieser konstruktiven Erfahrungswissenschaft in der Tat widersprechende Gesinnung.

So vollzieht Descartes keineswegs das Verfahren Galileis, in mathematischer Konstruktion solche Größen exakt abzuleiten, die empirischer Messung zugänglich sind und gerade durch die Messung erst die Sicherheit methodischer Forschung bedingen. Statt dessen bleibt er in der Erfahrung überhaupt, die er als durch seine konstruktiven Ausdeutungen möglich begreift; und er hält sich an die Menge der Erfahrungen, wie sie kommen oder ihm gelegentlich zugänglich werden; oder er hält sich gar nur an die Menge der Erinnerungen als Material seiner Naturerklärung: „Ging ich sodann im Geiste alle die Objekte durch, die sich jemals meinen Sinnen dargeboten hatten, so wage ich wohl die Behauptung aufzustellen, daß ich darin nichts bemerkt habe, was ich nicht aus den von mir gefundenen Prinzipien hinreichend bequem erklären konnte ..." (A. T. VI, 64).

Descartes verliert die eigentliche Forschungsmethode zugunsten

einer logischen Form, die universell für Alles gelten soll und
in der Tat ohne andere Fruchtbarkeit ist als nur die eines wirklich-
keitsfernen leeren Konstruierens.

Auch wenn Descartes von der Fülle der Experimente sprach, die
noch zu machen sind, so meinte er diese doch nicht als Verifikation
seines physikalischen Weltbildes. Denn die Natur in ihren Prinzipien
hat er schon erkannt. Sondern er meint nur die Erweiterung und
Ergänzung im besonderen, und er ist überzeugt, die Experimente in
ihrer Gesamtheit im Grunde schon geistig zu übersehen. „Übrigens
bin ich jetzt, wie mir scheint, so weit gekommen, daß ich zur Genüge
sehe, wie man es machen muß, um die meisten . . . anzustellen . . .
Ich sehe jedoch ein, daß sie derart und von so großer Zahl sind, daß
weder meine Hände, noch mein Einkommen . . . für alle ausreichen
können" (A. T. VI, 65).

c) *Das Ganze und das Einzelne; der Fortschritt der Wissenschaft:*
Da der Naturforscher im Ganzen immer nur Theorien hat, seine relativ
gewissen Erkenntnisse im Einzelnen erfolgen, und zwar in einer unabsehbaren Bewegung, in der die Vorstellungen von Ganzheiten (es ist
nie das Ganze der Naturwirklichkeit überhaupt) in ständiger, aber
methodischer Verwandlung sind, so daß in ihnen jederzeit Wahrheit
und zugleich Korrekturbedürftigkeit durch kommende Erfahrungen
ist, so folgt für den Forscher der damals neuen Naturwissenschaft:
er hat sein Pathos der Gewißheit gerade im Einzelnen, und er hat das
Bewußtsein, für die Nachkommen, für eine unbestimmte Zukunft zu
arbeiten, auf deren Weg er nur einige wenige Schritte tut, ohne das
Ganze zu wissen.

Es gibt Sätze des Descartes, die ihn in diesem Sinne als modernen
Forscher erscheinen lassen, so wenn er davon spricht, daß sich die
Wahrheit „nur nach und nach bei einigen Gegenständen zur Entdeckung bringen läßt", und daß „die Erkenntnis einiger weniger
Wahrheiten der Eitelkeit, scheinbar alles zu wissen", vorzuziehen sei
(A. T. VI, 71). Solche Sätze klingen, als ob Descartes dasselbe sage
wie Galilei, wenn dieser schreibt: „Ich schätze das Auffinden einer
einzigen, wenn auch unbedeutenden Wahrheit höher als das Herum-
disputieren über die höchsten Fragen, ohne eine einzige Wahrheit zu
erreichen". Diese einzelnen Wahrheiten — und mögen es so umfassende Einsichten sein, wie die Newtons — bedeuten doch im Ganzen
der Wahrheit in ihrer Vereinzelung wenig, wie es Newton einmal ausspricht: „Mir selbst komme ich vor wie ein Knabe, der am Meeresufer

spielt und sich damit belustigt, daß er dann und wann einen glatten
Kiesel oder eine schöne Muschel findet, während der große Ozean
der Wahrheit unerforscht vor ihm liegt".

Aber so liegt es bei Descartes dennoch nicht. Er glaubt ja, im Besitze
der Prinzipien zu sein, die die schlechthin wahren für immer sind.
Ihm ist der Fortschritt nur Entfaltung und Durchführung der Prinzipien im Besonderen. Die Wissenschaftsgesinnung des Naturforschers,
die Descartes in Augenblicken berührt, wird von ihm unbemerkt
wieder verleugnet und durch das Gegenteil ersetzt: er will das Ganze,
die Vollendung, das System der Naturerkenntnis überhaupt.

Diese Grundhaltung, durch die Prinzipien das Ganze im Wesentlichen schon im Besitz der Erkenntnis zu haben, verändert auch den
Sinn der so modern naturwissenschaftlich klingenden Wendungen
des Descartes, für die Zukunft, für die Nachkommen zu arbeiten: er
will der Öffentlichkeit alles Gelernte mitgeteilt wissen, damit „die
Letzten da anfangen, wo die Vorhergehenden aufgehört haben" (A. T.
VI, 63). Er verteidigt das Versäumnis gegenwärtigen Nutzens und
gegenwärtiger Vorteile für die Zeitgenossen durch eine Beschäftigung,
„wenn diese in der Absicht geschieht, statt dessen anderes zustande
zu bringen, das vielleicht unseren Nachkommen größeren Nutzen
bringt". Angesichts der kommenden Möglichkeiten bekennt er, daß
das Wenige, das er bisher gelernt habe, fast nichts sei im Vergleiche
zu dem, was er nicht wisse (A. T. VI, 66). Aber zugleich hat Descartes
doch durch das Endgültige seiner prinzipiellen Erkenntnis die Zukunft der Forschung gleichsam schon in seiner Hand, wenn diese nur
inhaltlich noch weiter abzuleiten, in den Prinzipien jedoch nichts
zu schaffen hat: „Ich weiß auch sehr gut, daß mehrere Jahrhunderte
werden verfließen müssen, bevor man aus diesen Prinzipien die Wahrheiten so abgeleitet hat, wie sie abgeleitet werden können …" (An
Picot A. T. IX, 2. Teil, p. 20).

d) *Der Wille zur technischen Wirkung:* Im 17. Jahrhundert entstand die Bewegung technischen Aufschwungs und technischer Begeisterung. Die Tendenz zur Rationalisierung der Technik erzeugte
damals „eine fieberhafte Jagd nach Erfindungen" (Max Weber, Wirtschaftsgeschichte, München 1923, S. 268ff.). In den Werkstätten der
Kunst und im Bergbau hatte seit Jahrhunderten begonnen, was sich
nun als bewußte technische Entwicklung entfaltete. Das erste rationale
Patentgesetz wurde in England schon 1623 gegeben. Die Naturwissenschaft war damals vielmehr die Folge als Grund dieser Technik. Erst

viel später wurde die mathematische Naturwissenschaft selbst Ursprung neuer technischer Erfindungen.

Descartes nahm teil an dieser Bewegung. Er hat Bacon gelesen. Er nahm wie selbstverständlich als einen Maßstab des Wertes der Wissenschaft ihre technische Brauchbarkeit an. Daß seine methodische Wissenschaft nützlich sei in der Anwendung, vor allem für die menschliche Gesundheit (Medizin) und für die Erleichterung der menschlichen Arbeit (Mechanik), ist ein Hauptanliegen des Descartes, kaum anders wie bei Bacon. Descartes hat immer ein lebhaftes Interesse für alle Handwerke, für Schiffahrt, für Festungsbau, für das Technische in der Medizin, in der Musik (Instrumente, Akustik) usw. Seine Prinzipien haben ihm ,,gezeigt, daß es möglich ist, zu Erkenntnissen zu gelangen, die für das Leben recht nützlich sind und an Stelle jener spekulativen Philosophie, wie man sie in den Schulen lehrt, eine praktische zu finden, die uns die Kraft und Wirkungen des Feuers, des Wassers, der Luft, der Gestirne . . . so genau kennen lehrt, wie wir die verschiedenen Tätigkeiten unserer Handwerker kennen, sodaß wir sie in derselben Weise zu allen Zwecken, wozu sie geeignet sind, verwenden und uns auf diese Weise gleichsam zu Meistern und Besitzern der Natur machen können'' (A. T. VI, 62).

Descartes hat, dem Zuge des Zeitalters folgend, technische Zukunftsphantasien. Er erwartet von seinem eigenen Denken technische Erfolge; jedoch beginnt er keine konkrete Verwirklichung. Daß aber Descartes den technischen Gedanken ausbreitet auf das Ganze der Wissenschaft, d. h. bei ihm der Philosophie, läßt diese unter einen verdunkelnden Schatten geraten. So kann er z. B. Arbeitsvereinfachung, Medizin und Moral nebeneinander stellen. Das allgemeine Wohl aller Menschen wird der Endsinn des Philosophierens in einer Weise, die alles unter den Gesichtspunkt technischen Hervorbringens zu stellen erlaubt.

e) *Das Pathos des Neuen:* Ihr mächtiges Selbstbewußtsein hatte Philosophen der Renaissance veranlaßt, das Neue in ihrem Tun zu betonen. Es war der Drang nach Geltung der originalen Persönlichkeit, die das Neusein als Auszeichnung verlangte. Aber erst im Zusammenhang mit der modernen Wissenschaft hat sich das Wort ,,neu'' als sachliches Wertprädikat verbreitet. Es hat offenbar einen Sinn, daß in enger Beziehung zum Geist der modernen Wissenschaft die Gesinnung erwächst, die die ,,Priorität'' eines Gedankens oder einer Entdeckung betont, auf ihr besteht, um sie kämpft. Denn in der

Philosophie, die Metaphysik war, lebte der Denkende noch in einem
bestehenden Ganzen; er wußte sich befriedigt. in der Gegenwart der
geglaubten philosophia perennis; er unterschied Altes und Neues in
seinen Gedanken nicht, da sie von ihm im Ganzen ursprünglich vollzogen waren. Echtheit, nicht Neuheit des Denkens war ihm Maßstab.
Die Befriedigung im Innewerden des Wahren und des Seins war der
einzige Sinn. Dagegen ist nun in der modernen Wissenschaft jede
Entdeckung nur Stufe einer unendlichen Leiter. Die Befriedigung besteht nirgends im Innewerden, sondern im Weiterschreiten, nie in der
Geborgenheit durch ein Ganzes, sondern im Suchen auf einem Wege,
dessen Ganzheit nicht wißbar ist. Der eigene Wert des Einzelnen
besteht wesentlich in der bestimmten und als solche erkennbaren
Leistung auf diesem Wege. Daß die Leistung ihm zukommt und mit
seinem Namen verbunden werden kann, ist neben dem Enthusiasmus
des nie endenden Suchens die neue Weise der nunmehr persönlichen
Befriedigung, die dem forschenden Individuum für ein an sich Ver-
einzeltes, im Blick auf das Ganze doch nur Winziges einer Leistung
zukommt. Dem entspricht die Tatsache, daß die Forscher seit Galilei
ausnahmslos auf ihre Priorität ein starkes Gewicht legten und zumeist auch Veranstaltungen trafen, sie zu sichern.

Was in der Wissenschaftsgesinnung, die im Sinne moderner Naturwissenschaft forscht, sachgemäß ist, wird auch für eine Philosophie
gültig, die sich für identisch mit wissenschaftlicher Forschung hält.
Daher ist Descartes' Wissenschaftsgesinnung in seiner Philosophie
dieselbe wie die des Forschers. Er betont die Neuheit, z. B. ,,wie verschieden meine Prinzipien von denen aller anderen sind'' (an Picot
A. T. IX, 2. Teil, p. 20). Auch in seinen eigentlich philosophischen
Gedanken legt er auf die Neuheit ein Gewicht. Wenn ihm etwa von
Arnauld u. a. das cogito ergo sum als bei Augustin vorkommend aufgezeigt wird, so ist er sich in seiner Antwort — übrigens objektiv nicht
mit Unrecht — des wesentlich Neuen seines cogito ergo sum bewußt:
,,Wenngleich indessen alle diese Wahrheiten, die ich als meine Prinzipien ansehe, stets, und zwar allgemein, bekannt gewesen sind, so hat
sie doch, soviel ich weiß, niemand bisher für die Prinzipien der Philosophie gehalten, d. h. erkannt, daß sich aus ihnen die Kenntnis aller
übrigen Dinge, die es in der Welt gibt, ableiten läßt'' (an Picot A. T.
IX, 2. Teil, p. 10—11).

Das Neue — seine neue Philosophie — scheint für Descartes so
ausschließend wertvoll, so sehr sich selbst genügend sein zu können,

daß er es für besser hält, das Alte überhaupt nicht zu kennen; er meint, „daß, wer am wenigsten von dem gelernt hat, was man bisher als Philosophie bezeichnet hat, am geeignetsten ist, die wahre Philosophie zu lernen" (an Picot A. T. IX, 2. Teil, p. 9).

Den Sinn des Neuen und den eigentlichen Wert des Neuen, der in der modernen Wissenschaft ein gehöriges, ja notwendiges Recht hatte, übertrug Descartes in die Philosophie, wo er nicht hingehört. — Die fünf Grundzüge der modernen Wissenschaftsgesinnung haben bei Descartes das Gemeinsame, daß sie alle in gewissen Zusammenhängen seiner Darlegungen als wahr ansprechen, in anderen dagegen einen falschen Ton gewinnen oder unwahr werden. Man darf sagen, daß ihr Sinn sich bei ihm gleichsam verkehrt, indem am Ende das Gegenteil ihres Ursprungs sich zeigt, ohne daß Descartes sich dessen bewußt wird. So ist die zwingende Gewißheit gerade nicht mehr in derjenigen Weise der Naturerkenntnis, die Descartes nur konstruktiv vollzieht. Wenn er Erfahrung und Experiment betont, so spielen sie bei ihm faktisch doch eine ebenso geringe und keine andere Rolle als vor ihm. Wenn er den Wert der verläßlichen Einzelerkenntnis betont, so ist bei ihm doch gerade die Erkenntnis des Ganzen die herrschende. Der technische Wirkungswille hält sich an Zukunftsphantasien, ohne bestimmt zuzugreifen, und verabsolutiert sich über Bereiche, wo er nicht hingehört. Die Betonung des Neuen bezieht sich auf etwas, das gar nicht den allgemeingültigen Wissenschaftscharakter hat (außer in seinen mathematischen Entdeckungen, wo sie der Sache und den Sinn nach zurecht besteht), und dessen Neusein ebensowenig bestimmt nachweisbar ist, wie sein Wert dadurch gehoben wird.

Der Grund dieser Verkehrungen[1]) ist ein einziger: er liegt darin, daß Descartes Philosophie will, aber in der Gestalt der modernen

---

[1]) Unter *Verkehrung* verstehe ich die unmerkliche und unbeabsichtigte Verschiebung eines Sinnes dergestalt, daß in die gleichbleibende Form des Gedankens etwas seinem Ursprung Fremdes oder Entgegengesetztes aufgenommen wird. Verkehrung ist nicht nur Umkehrung ins Gegenteil, sondern die Verkoppelung des Wesensverschiedenen in einer Irrung, die dazu verführt, mit der gedanklichen Form einer ursprünglichen Wahrheit etwas, das diese Wahrheit wieder aufhebt, zu ergreifen. Sie ist nicht Sophistik, da sie ohne ein zweckhaftes Interesse einer unbemerkten Verschlingung von Antrieben verfällt. Sie ist nicht eindeutig Unwahrhaftigkeit, da sich diese Verschlingung vollzieht, als ob sie in der Natur der Sache liege. Verkehrung beruht auf einer in den Ursprung unseres menschlichen Erkennens bei seiner Entfaltung möglicherweise sogleich eindringenden, aber überwindbaren Unwahrheit. Durch diese Verbundenheit mit dem Ursprung wird die Verkehrung im Unterschied von beliebigen Irrtümern philosophisch relevant.

Wissenschaft. Dadurch geschieht es ihm auf seinem Wege, daß ihm die Philosophie sich verkehrt, und daß er die Wissenschaft nicht erreicht. Es sind in ihm zwei Antriebe, die einander täuschend vertreten und von ihm nie getrennt werden: erstens die moderne wissenschaftliche Methode der zwingenden Sachforschung, welche einzelne Erkenntnisse gibt als Stufen in einem endlosen Fortschrittsprozeß der Forschung, und die an sich unfähig ist zur Bildung einer Welt- und Lebensanschauung (deren Moment nur die Forschungsidee selbst sein kann); und zweitens der ewige philosophische Antrieb des Menschen zum Innewerden des Ganzen seiner Existenz, der Wurzeln seines Daseins in der Welt, der Transzendenz. Aus der Verschlingung dieser beiden Antriebe entsprangen die Verkehrungen. Descartes hat das philosophische Ziel mit der sich verabsolutierenden und zugleich sich mißverstehenden Wissenschaftsgesinnung der modernen Forschung ergriffen.

So kann es bei Descartes geschehen, daß er die Wissensgesinnung des Philosophen verleugnet dadurch, daß er naturwissenschaftliche Dinge als Philosophie vorträgt, überhaupt allen Unterschied zwischen Philosophie und Wissenschaft preisgibt; und daß er umgekehrt die Wissenschaftsgesinnung des Forschers verleugnet dadurch, daß er in vermeintlicher Gewißheit rein denkend konstruiert unter Umgehung aller methodischen Prinzipien der wirklichen Forschung. Daher entsteht zuweilen das Bild, daß Descartes mit dem Bewußtsein völliger Gewißheit Absurditäten entwickelt, die naturwissenschaftliche Dinge betreffen, und diese Gedanken für Philosophie hält.

Die Methode in der Endabsicht der Philosophie. — Descartes nennt die Philosophie in ihrem Wortsinn „Studium der *Weisheit*". Unter Weisheit versteht er „nicht nur die Klugheit im täglichen Leben, sondern ein vollkommenes Wissen all der Dinge, die der Mensch erkennen kann, sowohl um eine Regel für sein Leben zu haben, wie um seine Gesundheit zu erhalten, wie um alle Künste zu erfinden" (an Picot A. T. X, 2. Teil, p. 2).

Philosophie als methodisches Erkennen, das zur zwingenden Gewißheit führt, soll das gesamte Leben begründen. Erkennen ist insofern Alles. Das Wahre vom Falschen will Descartes unterscheiden, „um seine Handlungen klar zu sehen und in seinem Leben sicher zu gehen" (A. T. VI, 10). Auf dem Wege, auf dem er erkennt, „auf demselben Wege meint er der Erwerbung aller wahren Güter sicher zu sein, die jemals in seiner Macht sein würden ... es genügt, recht zu

urteilen, um recht zu tun ... um alle Tugenden und zugleich alle
übrigen Güter, die man erlangen kann, zu erlangen" (A. T. VI, 28).
Die Erwartung von der das ganze Leben umfassenden Leistungs-
fähigkeit der Philosophie, die sich auf seine Prinzipien gründet, ist
bei Descartes außerordentlich; man wird sehen, „bis zu welcher Stufe
der Weisheit, zu welcher Vervollkommnung des Lebens und zu welchem
Glück sie uns führen können" (an Picot A. T. IX, 2. Teil, p. 20).
Die Welt seines Erkennens mit diesem Endziel•faßt Descartes in
einem Blick zusammen: „Die gesamte Philosophie ist einem Baume
vergleichbar, dessen Wurzel die Metaphysik, dessen Stamm die
Physik und dessen Zweige alle übrigen Wissenschaften sind, die sich
auf drei hauptsächliche zurückführen lassen, nämlich auf die Medizin,
die Mechanik und die Ethik. Unter Ethik verstehe ich dabei die höchste
und vollkommenste Sittenlehre, die, indem sie die gesamte Kenntnis
der anderen Wissenschaften voraussetzt, die letzte und höchste Stufe
der Weisheit bildet" (an Picot A. T. IX, 2. Teil, p. 14).
Dieser Baum ist jedoch noch nicht gewachsen. Descartes ist es,
der ihn pflanzen will. Erst in später Zukunft — so denkt er — kann
sich einmal aus der Gesamtheit des so methodisch zu gewinnenden
Wissens die wahre Moral ergeben. Bis dahin aber muß der Mensch
leben und muß auch Descartes leben, der auf eigenes Risiko den Weg zu
beschreiten beginnt, dessen Endziel ist „unsere Sitten zu regeln" (A. T.
IX, 2. Teil p. 3). Da er nicht auf die sich am Ende ergebende Moral
warten kann, so braucht er eine gegenwärtige Moral. Diese sprach
er im Discours aus als „provisorische Moral" der drei Lebensregeln
(A. T. VI, 22 ff.).
Fragt man nun, wie sich diese provisorische Moral zur endgültigen
verhält, so bleibt nicht nur die klare Antwort aus, sondern wir sehen
ein ethisches Ideal des Descartes sich zeigen, das in der Tat unabhängig
von beiden ist.
a) Nur bis die definitive Moral erreicht ist, bis also auf die Erkenntnis auch das Leben selbst gegründet werden kann, scheint es der provisorischen Moral zu bedürfen. Diese hat aber die Zweideutigkeit, ob
sie nämlich wirklich einmal in der Zukunft ersetzt oder bestätigt
werden soll durch die dann aus vernünftiger Weisheit erwachsene
Moral, oder ob die „provisorische" Moral eigentlich gar nicht provisorisch, sondern vielmehr im Zeitdasein dauernd ist. So wird sie z. B.
behandelt in einem Brief an die Prinzessin Elisabeth (A. T. IV,
264—267), in dem sie geeignet ist, schon als solche zum höchsten Gut,

zur Seelenruhe und Zufriedenheit (béatitude, contentement d'esprit, satisfaction intérieure) zu führen; und wo in der Formulierung die charakteristische Änderung gegenüber den provisorischen Regeln des Discours erfolgt, daß nämlich nun die Entschlossenheit nicht mehr nur auf die Durchführung der einmal getroffenen, vernünftig unzureichend begründeten Entscheidung geht, die das Wahrscheinlichere oder das zwischen gleich Wahrscheinlichen einmal Gewählte traf, sondern darauf, das auszuführen, was die Vernunft rät.

Ferner treten schon mit der provisorischen Moral auf dem Wege des Erkennens Geisteshaltungen auf, die gar nicht provisorisch sind. Die dauerhafte Zufriedenheit, die man empfindet, wenn man Wahrheiten entdeckt — „die Freude, die man in Betrachtung der Wahrheit findet, ist fast das einzige völlige und durch keinerlei Schmerz getrübte Glück in diesem Leben" (A. T. X, 361) — kann als eine Frucht der Philosophie erscheinen, die schon den Lebenssinn selbst ausmacht. Auch ist die durch methodisches Erkennen eintretende Gewöhnung, alle sich darbietenden Gegenstände besser beurteilen zu können, ein schon auf dem Wege eintretender endgültiger Erfolg, vor allem aber die aus der vollkommenen Gewißheit der Prinzipien zu erwartende Folge, „jeden Grund zu Streitigkeiten zu beseitigen, so daß man dadurch zur Milde und Eintracht geneigt wird, während ... die Schulstreitigkeiten ... immer streitsüchtiger machen" (A. T. IX, 2. Teil, p. 18).

b) Unabhängig von dem Wachsen des Wissens und von der Methode spricht in Descartes' Philosophieren eine Moral, die weder die provisorische, noch die aus dem methodischen Gang der Philosophie abgeleitete ist. Sofern Descartes in diesem Ethos lebt, lebt er aus einem Umgreifenden, das selbst nicht seiner bewußt deduzierten Philosophie angehört. Das zeigen folgende Beispiele:

Wenn Descartes die Geistesverfassung schildert, die auf dem Grunde der Erkenntnis des Daseins Gottes, der Unsterblichkeit der Seele und der Größe des Weltalls erwachse, so ist diese Haltung doch nur scheinbar aus seiner Philosophie abgeleitet: das Dasein Gottes lehrt uns alles, was uns widerfährt, gelassen hinzunehmen. Die Erkenntnis der Natur unserer *Seele* hindert uns, den Tod zu fürchten: wir lernen, unsere Affektion von den Dingen der Welt wegzuziehen und mit Verachtung alles zu betrachten, was in der Macht des Schicksals steht. Die Einsicht in die Größe des *Weltalls* befreit uns von anmaßenden Vorurteilen, als ob wir im Rate Gottes teilnehmen wollten

an der Führung der Welt, was in uns eine Endlosigkeit eitler Unruhe
bewirken würde (A. T. IV, 291—292).

Dieser Darlegung in dem berühmten Brief an die Prinzessin Elisabeth
folgt sogleich die Entwicklung eines aktiven Ethos: Obgleich wir einer
vom andern getrennt sind und jeder seine besonderen Interessen hat,
muß man ständig daran denken, daß man nicht allein da sein könnte.
Man muß die Interessen des Ganzen, von dem man ein Teil ist, seinen
besonderen persönlichen Interessen vorziehen. Wenn man alles nur
auf das eigene Interesse bezöge, hätte man weder eine wahre Freund-
schaft noch irgendeine Treue, noch überhaupt irgendeine Tugend.
Solche Betrachtung ist Quelle und Ursprung aller heroischen Handlungen. Menschen zwar, die sich dem Tode aussetzen aus Eitelkeit oder
aus Stupidität, sind mehr zu beklagen als zu preisen. Wenn aber
jemand sich dem Tode aussetzt, weil er glaubt, daß es seine Pflicht ist,
damit daraus Gutes für andere entspringe, so tut er es immer auf
Grund jener Betrachtung, die — wenn auch unklar — in seinem
Denken ist. Daraus erwächst eine Genugtuung des Geistes und eine Zufriedenheit, welche alle die kleinen vorübergehenden Freuden, die von
den Sinnen abhängen, unvergleichlich übertreffen (A. T. IV, 293—294).

Die philosophische Haltung, die Descartes an solchen Stellen ausspricht, ist nicht aus den Prinzipien seiner Philosophie abgeleitet.
Sie ist nicht die auf dem Baume der gesamten Wissenschaften erwachsene Blüte der endgültigen Moral, sondern ein Descartes' Persönlichkeit charakterisierendes Ethos.

Fassen wir zusammen: Descartes geht zwei Wege des Ethos, die
keine ausdrückliche Beziehung aufeinander haben. Der eine führt aus
den Prinzipien seiner Philosophie zur Idee einer methodisch durch
Erkenntnis zukünftig erreichbaren Moral über die provisorische Moral
des Erkennenden; wenn diese Endabsicht der Philosophie vergegen-
wärtigt wird in methodischem Planen, das neben Technik und Medizin
die Moral hervorbringen will, scheint sie umzuschlagen in Un-
philosophie. Der andere Weg zeigt die nicht mehr methodische Philosophie des Descartes als Explikation einer lebendigen moralischen
Haltung, deren Großartigkeit Züge antiker und humanistischer Überlieferung aufweist [1]).

---

[1]) Vgl. die ausgezeichnete Analyse der Tugend der générosité bei Descartes im
Zusammenhang mit der μεγαλοψυχία des Aristoteles und der magnanimitas des
Cicero und Thomas durch *Gerhard Krüger*, Die Herkunft des philosophischen
Selbstbewußtseins, Logos XXII, 225 ff., 1933 (darin S. 251—271).

III. Der Charakter
der cartesischen Philosophie im Ganzen.

Die Einzelanalyse zeigte uns Descartes' Gedanken auf Wegen, die immer wieder einen wahren Ansatz verloren gehen ließen. Ein aus der philosophischen Tiefe kommender Ursprung schien in einer Verkehrung sich selbst zu vergessen. Wir gewinnen beim Studium seiner Werke den Eindruck, als ob in dieser großartigen Erscheinung die Philosophie einem radikalen Irrtum preisgegeben sei, der nicht in einer bestimmten Position oder einem Satze klar faßbar ist, sondern als eine das Wesen des Ganzen durchdringende Haltung des Denkens wie ein verborgenes Verderben den zunächst so festen und klaren Bau schwanken macht.

Was zuvor kritisch begründet wurde, soll sich nunmehr in einige wenige Grundzüge ordnen, welche das Wesen dieses außerordentlich verflochtenen Gebildes, das Descartes in die Welt brachte, zu erhellen versuchen.

1. Vernunft und Autorität.

Descartes' Philosophie scheint ganz und gar Vernunftphilosophie zu sein; Descartes gilt geradezu als der Repräsentant der sich auf sich selbst stellenden Vernunft. Jedoch hat Descartes ein der Vernunft gegenüber Anderes anerkannt, das er in seine Philosophie nicht aufnahm, das er jedoch immer wieder denkend berührte. Es ist zu fragen, ob dadurch nicht die Vernunft dieser Philosophie im Ursprung unzureichend blieb. Es könnte sein, daß die Grundhaltung dieser Philosophie in Zusammenhang steht mit der faktischen Geborgenheit des Denkenden im Offenbarungsglauben, und daß durch die Weise, wie Vernunft und Glaube von ihm gedacht werden, beide nicht zu ihrem Recht kommen, die Vernunft nicht die ganze Vernunft, der Glaube kein eigentlicher Glaube sein kann. In der Tat scheint Descartes in beidem, aber in keinem ganz zu leben. Die Vergegenwärtigung seines

Denkens in bezug auf dies Andere der Vernunft kann vielleicht über eine wesentliche Verborgenheit dieser Philosophie Aufschluß geben.

Grenzen des Erkennens. — Keineswegs hat Descartes der Vernunft eine umfassende Allmacht vindiziert. Er weiß um die Grenzen menschlichen Erkennens.

Erstens ist das menschliche Erkennen als solches nicht fähig, alles zu begreifen. „In der Tat ist Gott allein vollkommen weise, d. h. mit dem vollkommenen Wissen aller Dinge begabt" (A. T. IX, 2. Teil, p. 2). Für den Menschen wäre es sinnwidrig, seine Erkenntnis anderswohin zu richten als dorthin, wo sie ihr Ziel erreichen kann. Was wir erkennen können, sollen wir mit aller Kraft ergreifen, das Unerkennbare aber auf sich beruhen lassen. Es gibt für Descartes „nichts Nützlicheres zu erforschen, als was die menschliche Erkenntnis sei und wie weit sie sich erstrecke"; und „die Grenzen des Geistes, den wir in uns selbst finden", vermögen wir in der Tat zu bestimmen (A. T. X, 397 ff.). Tun wir das, so sehen wir, wie ungereimt es ist, z. B. über die Geheimnisse der Natur, über den Einfluß der Gestirne auf die Welt hiernieden, über die Vorausbestimmung der Zukunft und dergleichen zu streiten; so ist uns ferner die Zweckursache, d. h. Gottes Wille und Vorsehung undurchsichtig, während wir in der Welt Zusammenhänge kausal erforschen können. Haben wir die Einsicht in die Grenzen unserer Erkenntnis gewonnen, so machen wir es uns zur Regel, entweder einen Gegenstand, auf den wir unsere Erkenntnis richten, uns gänzlich zu eigen zu machen oder den Beweis zu führen, daß der gedachte Gegenstand über alles menschliche Begreifen hinaus liegt (A. T. X, 400).

Mit dieser Vorsicht und Enthaltung aber kommen wir im faktischen Leben nicht aus. Eine *zweite* Grenze unseres Erkennens erwächst daraus, daß unser Leben in der Zeit unser Handeln in konkreter Situation verlangt, auch wenn wir nicht alles wissen, was notwendig wäre, um die vollkommene Gewißheit über das richtige Handeln zu haben. Wenn der Augenblick drängt, können wir nicht warten, bis alle Voraussetzungen gegeben sind, um zur zweifelsfreien zwingenden Evidenz zu kommen. Daher müssen wir aus Ursprüngen handeln, die unsere stets begrenzte Einsicht umgreifen. Wir müssen entscheiden und die Meinungen ergreifen, die uns als die wahrscheinlichsten erscheinen (an die Prinzessin Elisabeth A. T. IV, 295). Descartes sieht: dies bedeutet sowohl Schwäche des Menschen wie die Möglichkeit einer Stärke in ihm, die nicht aus der bloßen Wahrheitserkenntnis entspringt: „Man kann nicht leugnen, daß das Leben der Menschen häufig in Einzelheiten dem Irrtum unterworfen ist, und man muß am Ende die Schwäche unserer Natur anerkennen" (A. T. VII, 90); aber gerade weil dieser Mangel ist und das Leben doch gelebt werden muß, bedarf es einer Stärke, der „Entschlossenheit", deren Sinn und Wahrheit zur Frage wird.

Zweifache Wahrheit. — Descartes kennt also ein zweifaches Verhalten zur Erkenntnis der Wahrheit; sie ist einerseits als zwingende durch die Vernunft zu ergreifen, andererseits müssen wir uns trotz ihres Fehlens im Handeln entscheiden, als ob wir sie besäßen. Es ist zu unterscheiden zwischen dem ersteren, der contemplatio veritatis und dem zweiten, dem usus vitae, oder zwischen Theorie und Praxis. — In der Vernunfterkenntnis darf man zwar nur dem zustimmen, was mit voller Klarheit und Deutlichkeit vor Augen steht. Dagegen „in den Dingen des gewöhnlichen Lebens bin ich so weit entfernt zu glauben, man dürfe nur dem klar Erkannten zustimmen, daß ich im Gegenteil glaube, daß man nicht einmal das Wahrscheinliche immer abwarten darf, sondern bisweilen aus vielem völlig Unbekannten eines auswählen muß" (A. T. VII, 149).

Nun ist aber die Entscheidung der Praxis (im usus vitae) dennoch nicht grundlos. Obgleich für unser Begreifen unzugänglich, ist sie doch nicht schlechthin zufällig. *Wodurch* aber erfolgt sie?

In den Fragen der *körperlichen Lebensbedürfnisse* führen uns die Sinne und im Zusammenhang mit ihnen die Instinktsicherheit. Diese Instinkte sind uns mit den Tieren gemeinsame Antriebe zur Erhaltung unseres Körpers und zur Befriedigung der körperlichen Begierden (wenn man ihnen auch nicht immer folgen muß. A. T. II, 599). Sie spielen philosophisch bei Descartes keine Rolle außer in der Erklärung des Lebens aus der Verbindung von Seele und Körper und in der Ableitung von Irrtümern (A. T. VIII, 35 ff.; dazu Gilsons Commentar zum Discours S. 165 ff.).

In den Fragen des *Handelns* führen mich der Staat und die Sitten des Landes und der mir begegnenden Besten und führt mich die Entschlossenheit.

In den Fragen des *Glaubens* führt mich die Offenbarung, das übernatürliche Licht und die Entscheidung der kirchlichen Autorität.

Angesichts dieser Bereiche, die durch Vernunft nicht ersetzbar sind, stellt Descartes den Regeln, die den sicheren Gang der Wissenschaft führen, andere Regeln gegenüber, die den *Willen* lenken:

Er macht es sich erstens zur Maxime, fest und entschlossen in seinen Handlungen zu sein und auch den zweifelhaftesten Ansichten nicht weniger beständig zu folgen — wenn er sich einmal für sie bestimmt hat —, wie wenn sie ganz sicher gewesen wären (A. T. VI, 24).

Zweitens will Descartes den Staat, die Staatsform, die Sitten nicht angreifen. Er will nicht Reformen anregen, noch weniger Revolutionen. Sowenig es gut ist, Städte niederzureißen, um sie dann besser wieder aufzubauen, sowenig ist es gut, den Staat von Grund aus neu zu schaffen; und er will dazu auch nicht andern raten: „Es ist allzu schwierig, diese gewaltigen Körper, wenn sie einmal niedergelegt sind, wieder aufzurichten oder auch sie nur zu halten, wenn sie erschüttert sind … auch sind sie sozusagen schließlich stets erträglicher, als es ihre Abänderung sein würde" (A. T. VI, 14).

Drittens bekennt Descartes, zu glauben, daß die Wahrheiten, „die uns auf göttlichem Wege offenbart werden, sicherer als alle Erkenntnis sind, daß das Vertrauen, das man zu ihnen hat, wie das überhaupt bei den dunklen Dingen der Fall ist, nicht Sache des Verstandes, sondern des Willens ist" (A. T. X, 370).

Diesem praktischen Verhalten entgegengesetzt ist aber Descartes' theoretisches Tun. Er will — wenn auch nur für sich, ohne Vorbild für andere, ja unter Warnung, ihm darin zu folgen — im Reiche des Wissens so verfahren, wie er gegenüber dem Staat, den Sitten, der Gesellschaft usw. nicht verfahren will. Er will alle Ansichten, die ihm überliefert sind, „ein für alle Male aus seiner Überzeugung entfernen, um an ihre Stelle später entweder andere, bessere einzusetzen oder auch dieselben, wenn er sie erst der Höhe der Vernunft angepaßt haben würde" (A. T. VI, 13).

Ein äußerst scharfer Gegensatz liegt in dem Denken Descartes': die unbedingte Anerkennung des Glaubens und der Autorität einerseits, ihre Verwerfung zugunsten der Vernunft andererseits. Das Begreifen dessen, was Glauben und Autorität für Descartes bedeuten, müßte ein tieferes Erfassen seines lebenswirklichen Philosophierens ermöglichen als die Beschränkung auf die Analyse seiner Vernunft.

Der Mangel an Eindeutigkeit. — Es ist nicht möglich, entschieden anzugeben, wie bei Descartes autoritative Moral und philosophische Moral, Theologie und Philosophie sich zueinander verhalten. Seine Äußerungen sind widersprechend.

In bezug auf Moral gibt es nicht nur keine Eindeutigkeit im Verhältnis der von Descartes entworfenen provisorischen Moral und der zu erwartenden definitiven, sondern die Klarheit fehlt auch darüber, ob die definitive durch Philosophie hervorzubringende Moral die ganze Moral ist. Ist die Philosophie vorbestimmt zu einer zukünftigen Reform des ganzen Lebens auf dem Grunde vernünftiger Erkenntnis, dann wird die Autorität der Sitten des Landes, des Staates und der Kirche vielleicht einmal überflüssig sein. Die Philosophie wird sie bestätigen oder verwerfen aus dem Grunde der dann zur Entfaltung gebrachten Vernunft. Dagegen steht jedoch bei Descartes die Moral, die durch Autoritäten gegeben und unantastbar ist, sodaß die provisorische Moral des Philosophen sogar zu gutem Teil die Regeln zu einem Verhalten zu geben scheint, das der Autorität keinen Anstoß erregt. Descartes erklärt ausdrücklich, er möchte nicht über Dinge der Moral schreiben, weil es den Souveränen oder denen, die von ihnen autorisiert sind, zukommt, die Sitten der anderen zu regeln (an Chanut A. T. V, 86 ff., vgl. Gilson, Commentar S. 234). Wenn er versucht habe, mit der Vernunft für seine Person seine Sitten zu regeln, so habe er keineswegs darüber schreiben wollen. „Denn was die Sitten angeht, so hat jeder darüber so viele Gedanken, daß man ebensoviel Reformatoren wie Köpfe finden könnte, wenn neben denen, die Gott als Herrscher über seine Völker gesetzt oder denen er genügend Gnade und Eifer verliehen hat, um Propheten sein zu können, es auch Anderen erlaubt wäre, daran die geringsten Veränderungen vorzunehmen" (A. T. VI, 61).

Trotzdem hat Descartes eine das Leben begründende und durchdringende Moral entwickelt, wie wir in den Bemerkungen über die Endabsicht seiner Philosophie angedeutet haben. Zu diesen sittlichen Maximen, die in ihm wirken, und die er ausspricht, steht sein christlich-kirchliches Bekennen in einer von ihm unbemerkten, aber tatsächlichen Spannung. Wie Adam in seiner Lebensbeschreibung des Descartes überzeugend darstellt (S. 57 ff.), sind diese Maximen nicht christlich. Wenn für Descartes die philosophische Hinnahme der Weltordnung wesentlicher ist als das Spüren des Willens Gottvaters, wenn das Vertrauen auf sich selbst so unerschütterlich ist, daß er Gewissensbisse als unnützlich verwirft, wenn keine Hoffnung auf die Gnade Gottes in ihm ist, weil er solche Hoffnung gar nicht braucht, dann sind Seneca, Montaigne und Charron die Quellen seiner Moral, nicht das Evangelium.

Wie in bezug auf die philosophische Moral, so sind Descartes' Gedanken nicht eindeutig in bezug auf den Machtbereich der Vernunft in der Auffassung des Verhältnisses von Philosophie und Theologie.

Fragen wir etwa: soll für Descartes die Vernunft gegenüber dem Anderen der Vernunft bedeuten, *aus* Vernunft dem in seinem Inhalt nicht *durch* Vernunft begründeten Entschluß zu folgen, z. B. aus Vernunft dem unbegriffenen Glauben zu folgen?, so muß die Antwort widersprüchlich lauten. Man scheint mit ja antworten zu müssen, sofern die Vernunft das *Umgreifende* wäre, das auch den Sinn des Glaubens noch begründen könnte, mit nein, sofern der Vernunft ein übermächtiges Positives *entgegenkommt:* der offenbarte Glaube, die Gnade, — die Sitten eines Landes, die Autorität eines Fürsten.

Nur für den Glauben hat Descartes, festhaltend an der christlichen Überlieferung, den positiven Ursprung einer dem Glauben eigentümlichen Klarheit erörtert: „die Klarheit oder einleuchtende Kraft, durch die unser Wille zur Zustimmung bewogen werden kann, ist doppelter Art: die eine nämlich geht von dem natürlichen Lichte, die andere von der göttlichen Gnade aus ..." (A. T. VII, 148). Die göttliche Gnade bewirkt im Glaubenden ein übernatürliches Licht: „obgleich wir sagen, daß der Glauben auf dunkle Gegenstände sich beziehe, ist doch das, weswegen wir ihn annehmen, nicht dunkel, sondern klarer als alles natürliche Licht ..." (A. T. VII, 147). Dies von Gott kommende übernatürliche Licht bewirkt, „daß wir das feste Vertrauen hegen, daß das, was uns zu glauben geboten wird, von ihm selbst geoffenbart ist ..." (A. T. VII, 148).

Die scharfe Trennung von Vernunft und Glauben, d. h. von natürlichem und übernatürlichem Licht, und in dessen Gefolge von Philosophie und Theologie, ist ebenso scholastische Überlieferung wie der Ausgleich, in dem Descartes beide sieht oder wie die Übergriffe der doch nie sauber getrennten Sphären übereinander — die als absolut getrennte sogleich die Lehre von der doppelten Wahrheit hervorbringen würden.

Einen Übergriff oder eine unklare, weil verschiebliche Grenze zwischen den beiden Sphären Philosophie und Theologie bedeutet es, wenn Descartes *mit der Vernunft ergreift*, was seinem Inhalt nach Sache des Glaubens ist; so wenn er das, was im Glauben zum wichtigsten gehört, außerhalb der Glaubenssphäre beweisen will: so das Dasein Gottes und die Immaterialität der Seele (die Unterscheidung der menschlichen Seele als eines eigenen substantiellen Seins vom Körper). Handgreiflich wird dies, wenn er im Widmungsschreiben der Meditationen an die Sorbonne gerade dadurch den Wert seiner Philosophie begründet, „daß es in der Philosophie keine verdienstvollere Aufgabe gibt als einmal die besten Beweise von allen (Beweise für das Dasein Gottes und des substantiellen Seins der Seele) sorgfältig zusammenzusuchen und sie so scharf umrissen und durchsichtig darzustellen, daß es für die Zukunft allgemein feststeht, daß das die Beweise sind" (A. T. VII, 3).

Dann wieder beruft Descartes sich an entscheidender Stelle auf die *Offenbarung*, so bei der Unsterblichkeit der Seele (A. T. VII, 154), auf die zwar zu hoffen sei auf Grund des Beweises ihrer Unterschiedenheit vom Körper — aus der Zerstörung des Körpers folgt nicht der Untergang des Geistes —; jedoch sei die Gewißheit hier allein durch Gottes Willen, den er in seiner Offenbarung kundgetan habe. Die Grenze dessen, was vernünftig bewiesen werden kann, von dem, was nur im Glauben an die Offenbarung gewiß ist, ist wie in der scholastischen Philosophie so auch bei Descartes unsicher.

Entsprechend der Zweideutigkeit in der Grenzbestimmung der Vernunft wird von Descartes auch die *Theologie* widersprechend beurteilt:

Descartes weist der Theologie einmal ihr eigentümliches Feld an: Sie ist die Wahrheit, die das Heil unserer Seele zum Ziel hat und die übernatürliche Offenbarung zum Inhalt. Alles, was sich nicht auf das Seelenheil bezieht, ist hier unnützlich. Und das, was für das Seelenheil notwendig ist, ist den Unwissenden und Ungelehrten ebenso zugänglich wie den Gelehrten. Die Spekulation ist hier eine überflüssige Umständlichkeit (A. T. VI, 8). Diese Wahrheiten sind so erhaben über unseren Verstand, daß Descartes sagt: „ich hätte es nicht gewagt, sie der Schwäche meiner Vernunfterwägungen zu unterwerfen" (A. T. VI, 8).

Doch wiederum ist die Philosophie des Descartes nicht so konsequent, daß dieser Verzicht durchgehalten würde. Gilson (Commentar zum Discours S. 133) sagt sogar, Descartes fasse die Möglichkeit einer Reform der scholastischen Theologie ins Auge, die Möglichkeit einer cartesianischen scholastischen Theologie (dort Nachweise). Da seine Philosophie allein die wahre ist, ist sie auch die einzige, die nach seiner Meinung ohne Widerspruch mit dem Glauben zusammen bestehen kann.

Alle erörterten Widersprüchlichkeiten und der Mangel an Eindeutigkeit stehen in Beziehung zur Frage des Sinnes von Autorität. Wir beobachten zunächst noch Descartes' Verhalten zur Autorität, um dann das Problem selbst ins Auge zu fassen.

Descartes' Verhalten zur Autorität. — Descartes philosophierte faktisch und bewußt unter dem Druck der Autoritäten, die zugleich souveräne Macht in seiner Welt waren. Er kannte die Gefahren, die entstehen, wenn die Meinungen der Diener dieser Autorität eine öffentlich sichtbare Philosophie (wie die des Descartes) deuten und verwerfen (er hatte diese Macht erfahren durch Jesuiten und durch holländische Protestanten). Descartes will sich daher — z. B. durch Widmung seiner Meditationen an die Sorbonne — mit der Autorität anderer verstehen, „da die Wahrheit so gering geachtet ist, wenn sie allein steht" (an Mersenne A. T. III, 184).

Descartes stand aber nicht in empörter Opposition gegen diesen Druck. Er erkannte die Macht der Autorität als solche auch innerlich an, weil er dem Glauben treu blieb. Er richtete nicht nur mit Vorsicht und Klugheit sein Leben auf sie ein, sondern er bezeugte auch ohne Not in Briefen seinen Eifer für die katholische Religion, seine Verehrung für die Würdenträger der Kirche und seinen festen Glauben an die Unfehlbarkeit der Kirche, der er angehört (A. T. III, 259); er sprach im Discours von den Menschen, die Galilei verurteilt hatten, als von „Personen, die ich achte und deren Autorität auf meine Handlungen kaum weniger vermag als meine eigene Vernunft" (A. T. VI, 60).

Daraus ergibt sich, daß für Descartes keineswegs die Autorität im Grunde schon hinfällig gewesen sei, wie in vielen Gestalten der späteren Aufklärung. Wenn er die Autorität des Aristoteles und alle Autorität verwirft, wo es sich um die Urteile der Vernunft handelt, die auf Klarheit und Deutlichkeit der Sache selbst beruhen (z. B. A. T. X, 366), so erkennt er doch für das Handeln, für das Leben selbst, für das öffentliche Aussprechen die Autorität sogleich wieder an. Da das Leben auf Autorität gegründet bleibt, das autoritätslose Versuchen der Vernunft eine persönliche, vom Leben zunächst weitgehend gelöste, mit Vorsichten und Warnungen umgebene Aufgabe des Descartes ist, so scheint die Autorität, die im umgreifenden Glauben verankert ist, das faktisch Übergeordnete.

Das Problem der Autorität. — Es wäre eine klare, wenn auch tötende Trennung, wenn Descartes zwei Gebiete, einerseits die Welt von Glauben und Sitten, von Kirche und Staat, von Autorität und Gehorsam, andererseits die Welt des Erkennens, das zwingende Einsicht aus eigener Vollmacht der Vernunft liefert, reinlich geschieden hielte. Dann wäre allerdings das Leben gerade dort, wo das Erkennen versagt, und das Erkennen ein für das Leben, außer im Technischen, belangloses Tun.

So geschieht es aber keineswegs bei Descartes. Sein Denken, ob-

gleich so vorsichtig begrenzt und gesichert, will in der Tat viel mehr
sein als ein privater Versuch der sich der Autorität unterwerfenden
Vernunft. Es will am Ende auch die Einsicht, aus der ich lebe. Doch
wird von dem sie denkenden Menschen zugleich der autoritative
Offenbarungsglaube festgehalten. Descartes trat nicht ein in einen
philosophischen Glauben, der der Religion als Offenbarung entsagt.
Daß er diesen Schritt nicht tat, aber im Philosophieren auf Ursprünge
und Wege geriet, deren Sinn bedeutete, daß er ihn getan habe, hatte
zur Folge, daß der Glaube aus ihm nicht mehr mit voller Lebendig-
keit sprach, und daß andererseits die Philosophie als lebensgründender
Ursprung in ihm noch nicht lebendig wurde. Daher kamen die Widersprüchlichkeiten, und daher blieb die klare Eindeutigkeit des Ganzen
aus. Aber diese Unklarheit ist ein Ausdruck des tiefen Problems der
Autorität, das in allem Philosophieren, das reif wird, auftauchen muß.

Mag es sein, daß wegen der Grenzen der menschlichen Erkenntnis
die faktische Lebensgrundlage und der Ursprung des Glaubens immer
eine autoritative bleiben müssen (und Wesen und Rang des menschlichen Lebens zuletzt auf Gestalt und Gehalt der jeweils wirksamen
Autorität beruht); mag es sein, daß in der Gesellschaft und im Staate
auf die Dauer die Autorität sogar als Gegenstand blinden Gehorsams
eine Notwendigkeit der Selbsterhaltung ist, weil sie allein einem
Ganzen die Kraft der Selbstbehauptung gibt, und daß man nur die
Wahl hat, was für eine Autorität diese sein soll — vielmehr hat der
Einzelne nicht einmal diese Wahl —; mag es sein, daß Autorität und
Autorität sich innerlich und substantiell gegenseitig ausschließen,
daß dann eine äußere, nur auferlegte Autorität nicht die innere werden
kann; mag es sein, daß eine zugleich auch innerlich hingenommene
Autorität, wie die „von Gott", gar nicht die Möglichkeit gibt, be-
griffen zu werden: im Philosophieren kommt es doch darauf an, nicht
nur äußerlich ein Gegebenes zu konstatieren, sondern gerade hier
Seele und Auge ganz zu öffnen und auch noch die Autorität in ihrem
Dasein und Gehalt nicht nur soziologisch und psychologisch als Tatsache der Welt zu erkennen, sondern auch philosophisch zu erhellen.
Es gibt keineswegs die scheinbar so einfache Lösung, die Vorurteile
des Glaubens und aller Autorität abzuwerfen und dann aus der reinen
Vernunft zu leben in der naiven Überzeugung, alles werde gut werden.
Es ist vielmehr das ungeheure Problem für die Philosophie, die Positivi-
tät des autoritativen Ursprungs selbst im Medium der Vernunft auf-
zufangen statt aus leerer Vernunft zu denken.

Descartes hat keine Philosophie der Autorität entwickelt (zureichend ist sie bis heute niemand, soviel ich sehe, gelungen). In seinem Anerkennen der Autorität wurde ihm diese nicht Gegenstand eines eindringend deutenden Philosophierens. Er will in der Philosophie die Vernunft und läßt in ihr das Andere, die Autorität, unbegriffen stehen. Mittelbar zeigt er noch dadurch an, daß es mit der Vernunft allein nicht geht. Es ist bei Descartes nicht nur Vorsicht, die ihn die Autorität anerkennen läßt; er spürt, daß die Vernunft in der Tat sich nicht selbst trägt. Aber Descartes umgeht die Abgründe, wenn er die Autorität als eine starre unberührt und unbewegt läßt. Er nimmt unbegriffen nicht nur, sondern unbefragt hin den Glauben der Kirche und den status der Gesellschaft. Es ist fast, als ob er sie behandle nach dem Gleichnis des Hobbes, es sei besser, die Pillen ungekaut zu schlucken, als sie durch zerlegendes Nachdenken bitter und ungenießbar zu machen.

Wenn der Vorsatz, an Allem zu zweifeln, bis das Bezweifelte mit der unmittelbaren Gewißheit des cogito ergo sum in Zusammenhang gebracht und dadurch wiederhergestellt ist, in der ganzen möglichen Tiefe und dann erst eigentlich durchgeführt wäre, so müßte er entweder die Loslösung von aller Autorität bedeuten, oder die Autorität müßte mit dieser unmittelbaren Gewißheit selbst in Zusammenhang gebracht werden. Dann erst wäre sie im Innersten ihres möglichen Gehalts ergriffen. Soweit aber bei Descartes die völlige Trennung von Vernunft und Autorität gemeint ist, müßte bei ihm selbst eine völlige Spaltung des Lebens eintreten: im Theoretischen der erkennenden Kontemplation erwächst die Verwerfung aller Autorität aus der umgreifenden Vernunft, im Praktischen des öffentlichen Aussprechens und Handelns erwächst der Gehorsam vor der Autorität (die identisch ist mit der jeweiligen faktischen Macht in der Welt) aus dem umgreifenden Glauben.

So gewinnt das vermeintlich „gewisse Wissen" bei Descartes eine in der Tat verdeckende Funktion, die über die zwei gleicherweise verderblichen Möglichkeiten dieses Denkens täuscht: wenn es selbst als absolute Wahrheit sich nimmt, so könnte es die Autorität nicht mehr anerkennen und versänke mangels eines existentiellen absoluten Bewußtseins[1]) doch ins Bodenlose eines leeren Verstandes; wenn es hingegen seine Relativität begreift (die es als zwingendes Wissen

---

[1]) Über das „absolute Bewußtsein", vgl. meine „Philosophie" (Berlin 1932), Bd. II, S. 255—291.

hätte), so stände ihm die Autorität als nicht von der Tiefe des Glaubens umgriffene, nicht erhellte und nicht erhellbare Macht, der es sich nur unterworfen sieht, gegenüber, und es versänke in die Vernunftlosigkeit. Erst angesichts dieser beiden Möglichkeiten begänne der Weg des aus eigenem Ursprung glaubenden Philosophierens, statt dessen Descartes einmal dem bodenlosen Gedanken sich überläßt, das andere Mal gehorcht, aber nicht begreift.

So ergibt sich folgendes Bild: In den Gedanken des Descartes von der Notwendigkeit der Willensentscheidung im Drängen der Zeit, von der Unbedingtheit des Glaubens und von der Autorität der Kirchen und der Fürsten handelt es sich um eine nicht ganz eigentlich zu seiner Philosophie gehörende, beiläufige, wenn auch häufige Selbstinterpretation des Umgreifenden, in dem er tatsächlich lebt und innerhalb dessen sein Philosophieren allein möglich ist. Sofern aber dieses Denken selbst zugleich den höheren Anspruch einer Fundierung des faktisch Umgreifenden macht, mußten die Formulierungen mit sich unstimmig werden, weil dieses Denken zwischen zwei sich in solcher Gestalt gegenseitig ihre Berechtigung untergrabenden Gegensätzen hin und her geht. Sofern dieses Denken, auf die Welt verzichtend, sich in sich selber einspinnt, um zu sehen, wie weit es mit zwingender Evidenz kommt, unterläßt es die Erhellung von Autorität, Staat, Glauben — sie bleiben als etwas Fremdes, Unbegriffenes, philosophisch nicht Interessierendes stehen. Sofern jedoch die Autorität wirklich absolut gesetzt wird, verliert dieses Denken der Vernunft seine unbedingte Geltung als Lebensgrund. In solcher Gestalt können aber weder Autorität noch Vernunft lebendig bleiben. Sie schließen sich nur aus.

Descartes' Philosophie wird daher keine ganze Philosophie. Sie scheint durch Zerfall in zwei nicht zusammenkommende Weisen des Umgreifenden ständig aufzuhören, noch Philosophie zu sein. Solange bei Descartes ein wirkliches Philosophieren spricht, bleibt eine lebendige Spannung zwischen seiner philosophischen Erhellung des Umgreifenden und seinem rational zwingenden Gedankengang aus evidenten Prinzipien, der der Ausdruck jener Erhellung ist. Wo die letztere Form des Gedankengangs aber allein übrig bleibt, und ihm gegenüber dann als das Andere die unbegriffene Autorität, da hört eigentlich auch das Philosophieren auf.

2. Der Verlust des Seins selbst.

Der Weg des cartesischen Denkens schien uns in fast allen Zusammenhängen von einer zuerst ergriffenen Wahrheit in eine Verkehrung zu führen. Der Weg zeigt sich nicht als die Verläßlichkeit eines methodischen Fortschreitens, sondern als ein Gang, der verwirrt, sofern er in das Leere zu führen scheint. Es ist das Befremdende dieser Philosophie, daß man von ihr angezogen und dann im Stiche gelassen zu werden meint. Man kann diesen Eindruck zusammenfassen in dem Satz, dieser Philosophie gehe das Sein selbst verloren, obgleich sie in ihrem Anfang das Denken mit aller Kraft gerade auf das Sein lenkt. Nicht im Ursprung dieser Philosophie, sondern im Ergebnis ist der Verlust handgreiflich.

Freiheit als Befreiung ins Leere. — Gegen die drohende Übermacht der von ihm selbst entworfenen mechanistischen Weltanschauung, in die der lebendige Körper und sogar die Seele in ihrer Abhängigkeit von dem Körper hineingezogen ist, hat Descartes zugleich in seiner Freiheitslehre einen Gegenschlag geführt. Doch diese Freiheit — im Ursprung das Pathos einer vollen Unabhängigkeit in der möglichen Eigenständigkeit des Erkennens — erscheint alsbald wunderlich gehaltlos.

Der Mensch ist für die dualistische Grundauffassung des Descartes eine Verbindung zweier Substanzen, des Geistes und des Körpers. Der Geist kann sich von den Einflüssen des Körpers befreien; denn er ist an sich selbst sich genügend: Ich bin denkend; ich selbst bin eigentlich nur Denken; mit dem Andern, dem Körper (der mich an sinnliche Wahrnehmung, an Begehrungen und Leidenschaften fesselt) bin ich zwar verbunden, aber nicht eins. Ich bin schon als denkend ohne Körper eigentlich ganz.

Diese Freiheit meines Denkens ist eine vollkommene, sofern ich in meinem Urteil imstande bin, nur dem zuzustimmen, was ich methodisch als unbezweifelbar gewiß in Klarheit und Deutlichkeit erkenne. Aber diese Freiheit hat die Gestalt, zwischen der Unentschiedenheit im Zurückhalten des Urteils und dem Erfahren des logischen Zwangs der Gewißheit hin und her pendeln zu müssen. Die Freiheit bleibt leer, weil sie nur ein negatives Tun vollzieht, indem sie das Urteil suspendiert, und ein passives, indem sie sich dem, was zwingend ist, notwendig unterwirft. Sie ist abhängig von dem Inhalt dieser Gewißheit und ist vollkommen leer, wenn auch dieser Inhalt leer ist.

Descartes *vereinzelt* eine wesentliche und unerläßliche Möglichkeit des Menschen — die Möglichkeit eines reinen, von allem absehenden Denkens; aber er zeigt darin nur den unbestimmten und unerfüllten Raum einer leeren Freiheit, aus dem erst noch der Antrieb zum Eintritt in die geschichtliche Substanz der eigenen Existenz, zur erfüllten Freiheit, hervorgehen muß.

Descartes' innerlich unbeugsamer Sinn für Unabhängigkeit und Freiheit findet in der Freiheit nur den leeren Punkt des Entscheidenkönnens. Er geht in unerfüllter Freiheit am Sein vorbei.

Das reine Denken. — Die Freiheit in der Loslösung von allem ist wirklich als reines Denken. Dieses aber, indem es die sinnliche Anschauung überwindet, verliert auch die Erfahrung. Es entfremdet sich der Natur. In dem durch Klarheit und Deutlichkeit geforderten mechanistischen Denken wird nicht mehr auf dem Wege der Naturforschung erkannt, sondern vermöge eines mechanistischen Weltbildes wird die Welt zu einer Maschine und werden die Lebewesen zu Automaten[1]). Vor die wirkliche sachnahe Forschung schiebt sich die ausgedachte unwirkliche Konstruktion. Übrig bleibt allein der Anspruch absolut richtigen Urteilens vermöge einer zwingenden Gewißheit.

Aber das bloße Pathos der Richtigkeit wird alsbald leer; in der Verabsolutierung der Methode, als ob die Methode als solche schon Wahrheitsgehalt berge, wird es noch einmal leer. Und in der Gewißheit, dies sei absolut wahr, wird es selbst ein Vorurteil. Diese Gewißheit ist auf einem Wege gewonnen, auf dem der Denkende nicht weit genug im Fragen ging. Will Gewißheit Wahrheit sein, so gilt: Es kommt in aller Wahrheit auf einen Ursprung an, der selbst substantiell ist, und der sich kraft jenes Fragenkönnens erhellen kann. Dann ist der Ursprung, der in seiner Dumpfheit nicht schon wahr ist, auf dem Wege eines Wahrwerdens, aber nicht in der Bewegung eines reinen Denkens, sondern im Hervorbringen und Innewerden denkender Existenz.

---

[1]) Die von *Aristoteles* her bestehende Gesamtauffassung von Leben und Seele in Stufen einer Hierarchie, in der alles vom toten Körperlichen bis zum Denken zusammengehört und ineinanderspielt, ist, wie durch die moderne Wissenschaft, so auch durch Descartes zerschlagen. Aber es wäre nur die Wiederherstellung einer alten Imagination, die nun in einem überkommenen Bilde des Ganzen sich der wirklichen Forschung und des philosophischen Eindringens in das Dasein zugleich überheben würde, wenn man solche bequemen Ganzheitsvorstellungen nun einfach gegen die Imagination des Descartes ausspielen würde. Dies ist auch gegen Schelling (10, 23—28) zu sagen, dessen z. T. erleuchtende Kritik des Descartes hier selbst zu einer ebenso schiefen Wirklichkeitserfassung führt.

Vernunft, die sich isoliert und die sich löst von allem Erfüllenden, wird seinsfremd und seinsleer, ein dürrer Verstand im Medium seiner scheinbaren Klarheit, imaginär in seiner Unanschaulichkeit. Wenn man aus der Stimmung des Cartesianismus einmal versucht sein könnte, zu fragen: Hat Descartes etwa die Vernunft erfunden?, so möchte man antworten: Er hat sie gewiß nicht erfunden, aber sie vielleicht in ein Gespenst verwandelt.

Descartes hat auch einen empirischen Forschungswillen, einen technischen Herrschaftsdrang, eine philosophische Haltung existentieller Moral; er kann die Grundsätze seinsnaher Erfahrung überzeugend einfach aussprechen (z. B. wenn er sagt: Der Mensch macht Erfahrung nur, wenn er die Folgen seiner Handlungen in der Wirklichkeit erlebt). Dies alles erwächst jedoch nicht der eigentümlichen Methode des reinen Denkens, sondern gehört Descartes gleichsam wie ein angeborenes Kapital, das in dieser Methode unmerklich und ergebnislos verzehrt wird. Descartes ist nicht bei der Erforschung der Sachen. Sein Entdeckerleben vollzieht sich als Entdecken im Denken. Dieses reine Denken hat mit der Wirklichkeit des Lebens, mit der Erfahrung, mit dem Sein am Ende kaum noch etwas zu tun.

Wenn solches Denken mit dem Anspruch absolut richtigen Urteils in der Folge dann von andern übernommen wird, so ist es geeignet, bei dem so Denkenden eine unbestimmbare Masse von Unwahrhaftigkeit zu verdecken, indem er pharisäisch als Vertreter der absoluten Wahrheit auftritt. Die Klarheit kann ein Mittel werden, durch ihren Schein sich um so entschiedener vor sich selbst und vor den anderen und vor der Transzendenz zu verschließen.

Verlust der Geschichte. — Wie für Descartes Erfahrung und Natur verloren zu gehen scheinen, Gott ein bewiesener Gott ist, das Bewußtsein der Existenz in dem Punkte des cogito ergo sum zu einem Minimum zusammenschrumpft, so wagt seine Philosophie mit dem Anspruch des von aller historischen Wirklichkeit Gelösten aufzutreten: sie will in einem überlieferungslosen Dasein die zeitlose Wahrheit und verliert die Geschichte, um das existentiell Nichtige eines denkenden Individuums überhaupt zu sein: Descartes führt zum Erweis der Evidenz seiner philosophischen Prinzipien an, „daß sie zu allen Zeiten bekannt und selbst von allen Menschen für wahr und unbezweifelt gehalten worden sind" (A. T. IX, 2. Teil, S. 10).

Diese Wahrheit aber, die zeitlos, weil zu allen Zeiten gleich, sein will und zu sein glaubt, tritt zugleich mit dem Anspruch eines abso-

luten Neuanfangs auf. Man braucht die Geschichte nicht, um die zeitlose Wahrheit zu begreifen (A. T. IX, 2. Teil, S. 9).

Entsprechend ist die Stellung des Descartes zu den überlieferten
Wissenschaften in den humanistischen Bereichen. Er vergleicht
(A. T. VI, 6) die Beschäftigung mit ihnen dem Reisen, sie dienen der
Unterhaltung. Eine unverkennbare Ironie durchsetzt seine Charakteristik, wenn er die Vorteile solcher Studien angibt, z. B. „daß die
Philosophie ein Mittel an die Hand gibt, mit Wahrscheinlichkeit über
alle Dinge zu reden und sich von denen, die weniger wissen, bewundern
zu lassen" (A. T. VI, 6). Die alten Sprachen scheinen überflüssig, die
Muttersprache für sich allein — gleichgültig welche es ist —, befähigt
zur höchsten Wissenschaft: „Wer den schärfsten Verstand hat und
seine Gedanken am besten verarbeitet, um sie klar und verständlich
zu machen, kann stets am besten von dem, was er vorträgt, überzeugen, wenn er gleich nur Bretonisch spräche ..." (A. T. VI, 7).
Maritain (Les trois réformateurs, p. 93) sieht in Descartes einen Zug
von der Inhumanität der modernen Wissenschaft. Jedoch ist diese Gesinnung keineswegs den modernen Wissenschaften als solchen notwendig eigen; sie entsprang erst der positivistischen Philosophie. Descartes hat die antihumanistische Gesinnung durch Formulierungen
vorweggenommen, die sich seiner rationalen Konsequenz aufdrängten,
ohne von ihm etwa verwirklicht zu werden. Dem Zeitalter war diese
Gesinnung damals so wenig zugehörig, daß Maritain mit Recht die
große historische Gelehrsamkeit (Mabillon, du Cange u. a.) als ein
Charakteristikum des 17. Jahrhunderts nennt.

In der Verwerfung der Geschichte hat Descartes eine Verwechslung
begangen. Alle echte Philosophie kommt in der Tat aus dem Ursprung,
nicht aus Wiederholung: aber sie ist darum nicht Anfang, der aus dem
Nichts käme. Denn der *Ursprung* wird hell nicht aus dem Leeren, als
ob ich — ein nur aus mir seiendes Wesen — irgendwo zufällig in die
Welt gefallen wäre, sondern in der Geschichtlichkeit eines substantiellen Menschseins.

Zwar ist der Ursprung nicht noch einmal als ein erkennbarer Gegenstand von außen zu fassen; er ist nicht verstehbar etwa aus einem
Ort in einem gewußten Ganzen, oder aus einem Natursein, oder aus
einer Kombination von anderweitig erkennbaren Tatsachen und Situa-
tionen, auch nicht aus einer allgemeingültigen geschichtlichen Offenbarung; wo philosophiert wird, wird *aus* dem Ursprung philosophiert,
der *als* Ursprung nie angemessen Gegenstand wird. Der Ursprung er-

scheint ständig auch in der Radikalität eines Von-vorn-anfangens, jedoch dann tatsächlich in der Substanz der erhellten, angeeigneten, in Frage gestellten Überlieferung (so steht Descartes faktisch mit seinem ganzen Denken in der scholastischen Tradition, aber ohne diesen Tatbestand relevant zu finden oder überhaupt zu spüren). Ohne Überlieferung wäre das jederzeit als echtes auch ursprüngliche Philosophieren unmöglich. Die Philosophie bliebe blind oder machte sich künstlich blind. Sie kann nicht zurück an den Anfang der Geschichte, sondern hat zu ihrem Grundzug, wie sie diesen Anfang versteht und damit verwandelt. Geschichte ist Überwinden im Aneignen, nicht abbrechendes Neubeginnen, als ob nichts gewesen wäre. Würde Descartes' Gleichgültigkeit gegen die Geschichte verwirklicht, so würde — im Unterschied von Descartes selbst — die nächste Generation nichts Gehaltvolles mehr lernen. Als Folge des Abreißens der Erinnerung müßte eine Barbarei eintreten, in der, weil der Anfang verschwunden ist, nun auch kein Ursprung mehr wäre.

Der Seinsverlust im cogito ergo sum. — Obgleich bei Descartes das Seinsergreifen in eins mit dem Ergreifen der unbezweifelbar gewissen Wahrheit zu dem Ursprung wird, der aus dem radikalen Zweifel herausführt, so ist doch dieses Sein schon im ersten Ansatz auf eine Weise getroffen, die nicht weiterführt in die Tiefe des Seins. Sein Pathos der Eroberung des wirklichen Seins ist in der Tat auf einem Wege, auf dem alle Gestalten erfüllten Seins verlorengehen. Die Freiheit des Absehenkönnens, um den Boden zu finden in der zweifelsfreien und zwingenden Gewißheit, führt Descartes nicht auf einen tragenden Boden. Es bleibt nur ein Punkt des Unbezweifelbaren ohne Fruchtbarkeit. Das Bewußtsein des Daseins und möglicher Existenz des Selbstseins kann im cogito ergo sum einen Augenblick wie Alles erscheinen, um im nächsten wie Nichts zu sein: nämlich nur der bloße Verstand der Klarheit und Deutlichkeit, der nichts ist, wenn sonst nichts ist, was durch ihn klar und deutlich werden soll. Wenn aber so Descartes gleichsam von einem Nichts ausgeht, dann kann er auch zu keinem eigentlichen Sein kommen.

Der Grundgedankengang des Descartes vermag daher auch für ihn selbst nicht die Wahrheit zu sein, aus der er lebt. Ist der Gedankengang auf dem Wege der Erhellung des Umgreifenden, so gewinnt er im Gottesbeweis zwar eine Vergewisserung des Seins, durch das und für das ich bin; aber er ist sogleich wieder nur ein objektiver Gedankengang und wirkt dann mit dem radikalen Zweifel als Ausgang fast wie

ein Denkversuch, der auf das Ziel theoretischer Einsicht geht von
Etwas, das ich dann weiß. Insofern trotz dieser logischen Verfestigung
in dem Ursprung des Gedankengangs die Bedeutung des Seinsergrei-
fens fühlbar bleibt, kann man sagen, daß, wenn Descartes auch nicht
aus der Wahrheit seines ersten Grundsatzes lebt, er doch im Hinblick
auf sie lebt. Daraus erwächst die Kraft, die seinem Denken trotz
allem den großen philosophischen Zug gibt. Aus der Gestalt der zwingenden Formulierung von etwas, das dann sogleich seinslos wird, erwächst das Verhängnis, das diesem Denken überall weiterhin das Sein
entgleiten läßt.

3. Die neue Dogmatik.

In allem Loslösen hat Descartes die letzte Loslösung dennoch nicht
vollzogen. Er zweifelte an allem, woran er zweifeln konnte, um zur
Gewißheit zu kommen. Er zweifelte nicht mehr an dieser Weise der
Gewißheit. Sein Zweifel ist nicht radikal, sondern aus der Voraussetzung einer bestimmten Gewißheit. Man kann sagen, der Zweifel
auch noch an dieser Gewißheit sei sinnlos; denn man würde sich im
Kreise drehen und sich selbst widersprechen. Dieser zu einfache Gedanke verkennt eine menschliche Möglichkeit, deren Bewußtheit
außerordentliche Folgen hat. Den philosophischen Schwindelzustand
eines radikalen Zweifels — wie etwa Kierkegaard und Nietzsche ihn
kennen — hat Descartes nie geahnt. Er kam nie darauf, in der Radikalität des Absehen-könnens auch noch von der Auffassung der Gewißheit abzusehen, der er sich und seine Leser anvertraut und unterwirft.
Mag man es loben oder tadeln, jedenfalls entwickelte Descartes, weil
er von dieser Gewißheit nicht mehr absehen konnte, sondern wie ge-
fangen war in einer Selbstverständlichkeit, alsbald eine neue Dogmatik. Seine Klarheit war im existentiellen Grunde noch unklar in
sich selbst; seine Unbefangenheit war wie befangen im Verstand als
einem Absoluten. Es ist, als ob er mit seinem hellen Gedankengang
uns einklemmen wollte in eine technische Konstruktion.

Die Dogmatisierung im Grundgedankengang. — Wiederholen wir
kurz, wie bei Descartes der philosophische Ursprung, indem er sich
ausspricht, schon vergegenständlicht und in dem Grade logisiert ist,
daß der so erscheinende Gedanke sogleich dogmatisch und nicht
mehr eigentlich philosophisch ist:

Aus der *Selbstgewißheit der Existenz* als dem Ursprung des Innewerdens des Seins selbst wird eine Philosophie des Bewußtseins und

alsbald Psychologie, oder wird eine logisch-mathematische Prinzipien-
lehre und alsbald ein seinsfremdes logisch-formales Gebilde. Die neue
Ursprünglichkeit der möglichen Existenz des Menschen wird verdorben entweder zur Subjektivität oder zum logischen Punkt eines
Verstandes überhaupt.

Aus dem *inneren Handeln* eines philosophischen Vollzugs wird eine
rein gegenständliche Denkweise im Denken über Etwas, das ohne
Einsatz der möglichen Existenz für den bloßen Verstand evident und
allgemein sein soll.

Aus dem *Umgreifenden*, das jeweils einen Augenblick gegenwärtig
zu sein scheint, wird das partikular gegenständlich Gedachte, das
nun vor einem nur noch roh gefaßten Umgreifenden (Sitten des
Landes, Staat, kirchliche Autorität) sich als ein für die Welt folgen-
loser Denkversuch (von dem Charakter zwingender Gewißheit) sichert.

Die Dogmatik im Weltbild. — Wir wiederholen weiter unsere Beobachtung, wie Descartes die neue Naturwissenschaft verkannte; an
die Stelle der Forschung trat ihm die Dogmatisierung einer Universalmethode, der ein ebenso dogmatisches Weltbild entspricht:

Descartes verkennt den *partikularen* und *relativen* Charakter der
naturwissenschaftlichen Methoden und beraubt sie ihres Sinns in
einer vermeintlich *absoluten Universalmethode*.

Er macht aus der *empirischen Forschungsmethode* Galileis, in der die
Natur sich unabsehbar neu *enthüllt* in einer ständigen Wechselwirkung
zwischen möglicher Hypothese und experimenteller Verifikation, eine
nur noch *deduktive* Methode, die die Prinzipien und das Ganze der
Natur *endgültig kennt.* Aus einer Forschungsperspektive wird eine
metaphysische Absolutheit. Die Welt ist wie geronnen, nicht das
Meer des Seins, sondern das Sein in ein mechanisches Uhrwerk verwandelt.

Daher macht Descartes aus dem echten Fortschrittsgedanken der
Naturwissenschaften den Gedanken, der den Fortschritt lediglich in
der Jahrhunderte dauernden Entfaltung seiner eigenen schon endgültigen Prinzipien sieht. Ihm verschwindet das Mögliche, das die
Forschung antreibt als ein grenzenloses Erweiternkönnen des Wissens
auch in den Prinzipien. Weil sein Antrieb ein dogmatischer ist, wirkt
in ihm nicht ein empirisch gesinnter, forschender und offener Geist,
sondern ein ausdenkender, entwerfender, ableitender Geist.

Weil die neue Naturwissenschaft bei Descartes verdorben ist zu
einer universalen Weltansicht, wird sie als Gegenstand experiment-

loser Argumentation in Analogie zu scholastischen Gegenständen behandelt.

Dogmatische Gewißheit und advokatorisches Denken. — Der Sinn, in dem Descartes Gewißheit will, beherrscht seine Philosophie. Gewißheit wollte man seit jeher, seit dem Anfang des Philosophierens. Der Charakter der Gewißheit aber war mannigfach, je nach der Quelle der Gewißheit. Die neue Naturwissenschaft gewann eine Gewißheit im Naturerkennen, die ihren zwingenden Charakter und die in ihrem Gefolge (erst im 19. Jahrhundert mit umfassendem Erfolg) mögliche Naturbeherrschung damit erkaufte, daß sie auf die Erkenntnis des Ganzen der Natur, des Wesens der Dinge verzichtete, daß sie ständig partikulär blieb und — im Wissen um die Grenzen und um die stets auch noch bleibende Ungewißheit — unbeschränkt korrigierbar sein wollte. Diese Gewißheit charakterisiert das Denken der Kopernikus, Galilei, Kepler, Newton, nicht das des Bruno und nur teilweise das des Bacon. Sie wurde von Descartes nur scheinbar ergriffen, aber dann zur absoluten Gewißheit gemacht und darin mißverstanden. Indem er diese verabsolutierte Gewißheit zur Form der Gewißheit der Philosophie machen wollte, verlor er die spezifische Gewißheit der Naturwissenschaft und verdarb zugleich die in der Philosophie mögliche Gewißheit. Denn seine Gewißheit war im Grunde nur eine *neue Gestalt des dogmatischen Willens*. Im Gewande des rein Rationalen wirkte ein Wissenwollen aus dogmatischer Unbedingtheit.

Weil so die neue Wissenschaftsgesinnung verdorben ist in einer in der Tat alten dogmatischen Gesinnung, tritt diese vermeintlich absolut zwingende Gewißheit in der Gestalt auf, daß sie ständig gar nicht Zwingendes, ja oft Absurdes, Wirklichkeitsloses und der Wirklichkeit Widersprechendes als gewiß zu wissen vorgibt. Das Rationale in seiner Isolierung macht Alles zu beweisen möglich. Echte Wahrheit aber entstammt unter den Bedingungen der Rationalität stets der Seinsverbundenheit.

Mit der rein rationalen dogmatischen Gewißheit verbindet sich, sobald eine Menge von Inhalten als nunmehr gewiß behauptet wird, eine argumentierende Denkweise, die man advokatorisch nennen kann. Sie ist durch folgende Merkmale charakterisiert: Mit abstrakten Bestimmungen, die einen unvermeidlich mehrdeutig bleibenden Inhalt haben, wird — ohne ständigen Bezug auf die Gesamtheit des Wirklichen und ohne genügende Anschaulichkeit eines konkret Gemeinten und Gegenwärtigen — wie mit vermeintlich exakt definierten Begriffsmünzen gleichsam gerechnet. Die Untersuchung hat aufgehört; ein Argumentieren mit dem unbewußten Ziel, eine in der Tat schon feste Meinung gegen alle Angriffe zu begründen, um sie auf jeden Fall zu verteidigen und zu retten, ein Gebäude der Konstruktion oder eine dunkle Willensrichtung dogmatisch festzuhalten, macht es möglich, daß Einwände und Antworten endlos werden. Während die Wahrheit einfach ist und entschieden wird — ob empirisch oder philosophisch, ob in einem sicheren methodischen Fortschrittsgang, der sich auf seiner jeweiligen Stufe weiß, oder in schlichter Gegenwart von Sache oder Existenz, die sich unpolemisch ausspricht und nur verstanden wissen will —, hat im advokatorischen Denken die Wahrheit den Charakter bekommen, daß sie schon gewußt ist und doch noch bewiesen werden soll, daß ihre Darstellung sich in fortschrittslosen argumentierenden Kreisen wiederholt, daß alle beweisenden Sicherungen sie nicht voranbringen.

Uns scheint, daß in den Gedankengängen des Descartes, insbesondere in der Form der Behandlung von Einwänden, eine solche Denkweise vorkommt. Sie ist eine mit dogmatischer Haltung unlösbar verbundene Kampfart des Denkens, die je nach Einstellung des Lesers etwas interessant Erregendes oder etwas Ermüdendes hat.

Unklarheit im Grunde der Dogmatik. — Wenn die Gewißheit das Ganze des Seins umfaßt, d. h. wenn sie als philosophische Gewißheit auftritt, so ist die Frage, wie sie sich zu anderer Gewißheit verhält. Sie scheint als absolute Wahrheit keine andere absolute Wahrheit neben sich oder über sich im selben Menschen zuzulassen. Diese Stellung der philosophischen Wahrheit ist nicht die Stellung der Wahrheit bei Descartes; denn er kennt die übergeordnete Offenbarungswahrheit der Autorität.

Ist andererseits die Gewißheit der Wahrheit, wie in der mathematischen Naturwissenschaft und allen besonderen Wissenschaften, ihrem Sinne nach *relativ und begrenzt*, zwingend nur in der Partikularität dieser Forschungsmethode für diese bestimmte Sache, so ist für *diese* Einsicht die Geltung einer ganz anderen Wahrheit des Ganzen, aus dem wir leben, frei gegeben. Nur muß die Wahrheit dieses Ganzen solcher Art sein, daß sie die Forderung in sich schließt, die Forschung in der Methode zwingender Gewißheit solle stattfinden. Auch dieses Verhältnis einer Wahrheit als zwingender Gewißheit zu einem Umgreifenden ist nicht das durch Descartes vollzogene, weil ihm in der Tat die Wissenschaft Philosophie, nicht eine relative und partikulare

Gewißheit ist, und weil ihm die Philosophie auch ein in sich geschlossenes Ganzes ist.

Also hat Descartes zwischen diesen beiden jeweils in sich klaren und eindeutigen Möglichkeiten nicht entschieden. Angesichts dessen drängt sich die Frage auf: weiß Descartes am Ende eigentlich, was er will? So sicher und gewiß seine zwingende Evidenz auftritt, so entschieden seine Thesen sind, gerade der letzte Grund seiner Wahrheit, der Weise seines Überzeugtseins ist nicht faßlich. Es könnte infolge der Verkehrung eine große Unwahrheit in ein Leben geraten, das Wahrheit schließlich nur noch als Gewißheit oder als unbegriffene Autorität will. Das ursprünglich Umgreifende des Glaubens und der Vernunft hat sich dann im dogmatisch Erstarrten von Autorität und Wissen verengt. Eine unbemerkte Verkehrung ist über die objektiv werdende Gestalt des Gedachten gekommen. So kann die ganze rational-dogmatische Denkwelt des Descartes nach langem Studium wohl einmal wie ein grandioses Spiel erscheinen. Es spricht der Zauber einer Form, d. h. einer Denkform nicht als Erkenntnisform, sondern als Denkstil, der seine Mittel und Ornamente aus Mathematik, Naturwissenschaft, scholastischer Spekulation nimmt, um ihrer aller Sinn aufzuheben und aufzunehmen in eine reine Intellektualität, die sich selbst genügt und innerhalb ihres Bereiches das geistreiche advokatorische Spiel des Argumentierens vollzieht.

Daß aber dieses Spiel gar nicht als Spiel auftritt, sondern als eine Dogmatik, die ihrer völlig gewiß ist, hat eine andere Folge: Gerade weil eine Dogmatik des Rationalen als rein Rationalen unter allen Dogmatiken die leerste bleiben muß, ist ihr absoluter Charakter in Descartes' Formulierungen verbunden mit dem absoluten Charakter eines schlechthin Anderen, des Glaubens aus bloßer Autorität. Weil in solcher sich ausschließenden — und nur künstlich als sich nicht widersprechend erwiesenen — Absolutheit doch im Grunde sich ein ständiger Widerstreit ergibt und auf beiden Seiten kein gutes Gewissen möglich bleibt, ist die Folge eine Lähmung der menschlichen Offenheit der Seele und eine *dogmatische Stimmung* überhaupt, gleich wo sie sich betätigt. So wenigstens kann, was bei Descartes ein Ergebnis des Denkens war, bei Anderen als Aspekt ihres Denkens erscheinen. Es ist nicht zufällig, daß sich dem Philosophen Descartes sowohl der orthodoxe Kirchengläubige nähern konnte als auch der fanatisch alle Autorität verwerfende, sich vermeintlich nur auf seine Vernunft stützende Freigeist. Der erstere konnte mit Grund auf Descartes als frommen Sohn

der Kirche weisen, der zweite auf die durch den Druck der Zeitlage auf
Descartes erzwungene Vorsicht der Akkomodation. Der erste konnte
ihn für einen Denker halten, der doch im Grunde Scholastiker war,
der zweite für den modernen Vernunftphilosophen, der notgedrungen
in einer Maske auftreten mußte.

4. Descartes' Wesen.

Descartes' Werk hat auf den ersten Eindruck eine Klarheit und
Offenbarkeit und damit eine Anziehungskraft, die noch unabhängig
von dem Interesse an der Sache ihre Wirkung ausübt.

Eine merkwürdige Spannung liegt in diesen Schriften, die die
reinste Wissenschaft überliefern sollen und zugleich Meisterwerke
der Form sind. Die literarische Form enthält mehr als die Strenge des
Gedankens. Descartes wählt mit Geschmack, wo er ausführlich, und
wo er knapp wird; im Großen gesehen ist immer ein schneller Fortschritt und immer das Ganze im Zielbewußtsein gegenwärtig. Sein
Geschmack vermeidet die euklidische Form des Beweisens, die sach-
lich möglich scheint (mit Ausnahme eines Teils der Resp. II, in der er
auf Wunsch sie einmal versucht). Ihn führt ein ausgesprochen litera-
risch-ästhetischer Instinkt, Lesbarkeit steht ihm als Ziel vor Augen;
er leistet an der Form eine sorgsame Arbeit. Nicht nur der Gedanke,
jeder Ausdruck überhaupt ist bei ihm von sich aufzwingender Klarheit.

Descartes gelingt es noch durch einen weiteren Zug, seine so nüchternen Gedanken, die in der Tat bei längerer Beschäftigung mit ihnen
bald ermüden könnten, interessant, ja hinreißend zu machen. Es geschieht im Discours durch die Darstellung des Denkens als seines
Lebensschicksals; das Unpersönlichste wird in persönliche Gestalt
verwandelt. Obgleich der Gedankeninhalt der allgemeinste ist, der
für jedermann durch reine Einsicht gültig sein soll, sieht sich der Leser
aufgefordert, der Persönlichkeit des Descartes, diesem einmaligen
Individuum, ins Angesicht zu blicken. Descartes stellt nicht Ergebnisse dar, sondern das suchende Denken selbst. Er fesselt durch den
Reiz des Fortgangs mehr noch als durch das Ergebnis.

Aber obgleich Descartes durch seine Form ein Klassiker ist, und obgleich er den Gedanken in der Klarheit auch der persönlichen Erfahrung dargestellt hat, ist sein Wesen nichts weniger als durchsichtig. Schon die Tatsache dieses scheinbar so offen sich mitteilenden

Werks — wozu auch gehört, daß er statt des überlieferten Latein
in den „Essais" die Nationalsprache wählt, um sich an alle zu wenden
— steht in seltsamem Kontrast zu seiner vornehm sich isolierenden
Haltung, die niemanden zur Nachahmung auffordern und sich nur
an wenige Verständige wenden will.

Descartes scheint vielmehr die *Verborgenheit* selbst. Nicht nur wegen
seiner Vorsicht ist er undurchschaubar. Unheimlich ist diese Verborgenheit, weil sie nicht etwas verborgen hält, das man deuten könnte,
und das dann offenbar würde. Daß Descartes nicht als offene Seele
vor Augen liegt, verführt, seine geheime Seele zu suchen. Aber statt
daß man sie findet, wird man durch die immer auch noch andere Möglichkeit des Sinns des von ihm Gesagten gezwungen, eine Zweideutigkeit zu sehen, die eigentlich nichts mehr verbirgt, sondern ihm, als
ob sie sein Wesen selbst wäre, zuzugehören scheint.

Es ist unmöglich, dieses Rätsel zu durchschauen. Man kann nur
versuchen, es durch einige Hinweise zu umkreisen. Dabei entsteht im
Ausdruck eine Bestimmtheit, die mehr das meint, als was Descartes
in der Auffassung erscheinen *kann*, als das, was er vielleicht selbst war.

Schon seine wissenschaftlichen Positionen bedeuten in ihrer Verkehrung ein Rätsel durch die Kontraste: Wenn er *zwingende Gewißheit*
will, aber dann in seine Weltkonstruktion führt, in der so wenig
zwingend gewiß, so vieles absurd ist, — wenn er *Methode* will, aber
dann gerade die Forschungsmethode verliert, — wenn er die echte
philosophische *Spekulation* ergreift, sie dann aber als ein bloßes Wissen
von Etwas gleichsam zu Boden fallen läßt — immer bringt er in einen
Zwiespalt, der sich zwischen entgegengesetzten Weisen wechselnd
aussprechen läßt: Wenn Descartes ursprünglich ansetzt, weiß er mehr
als er dann wirklich vollzieht; so scheint er gleichsam klüger, als er
ist. Wenn er seinen manchmal so absurden konkreten Gedanken nachgeht, ist er wie verlassen vom bon sens; er scheint dann gleichsam
weniger klug als er ist; man kann paradoxerweise eine abgründige
Unklugheit in der überlegenen Intelligenz wahrzunehmen glauben[1]).

---

[1]) Bewunderer des Descartes haben nicht selten ihr Erstaunen ausgesprochen:
So Schelling angesichts der Lehre von der Materie und den Korpuskeln: „da
verliert sich vollends jede Spur von Wissenschaft, und man hat Mühe zu glauben,
daß dies derselbe Cartesius ist, der die ersten Meditationen geschrieben" (Werke
11, 271). Ferner Spinoza anläßlich der Lehre von der Zirbeldrüse als dem Ort der
Verbindung von Seele und Körper: „Ich kann mich wahrlich nicht genug ver-
wundern, daß ein Philosoph, der sich fest vorgenommen hatte, nichts anders-
woher abzuleiten, als aus an sich einleuchtenden Prinzipien... und der so oft

Unheimlich ist Descartes in dem *Äußersten*, das er tut und denkt. Sein Leben mit den radikal brechenden Schnitten zeigt nicht den Anblick der Geschlossenheit einer menschlichen Entfaltung, sondern den der Gewaltsamkeit des Besonderen; sein Denken liebt das Überraschende und zieht die absurden Konsequenzen. Aber wie sein Leben — zwar ohne Ängstlichkeit, vielmehr mit Tapferkeit in jeder bedrohlichen Situation — doch das eigentliche Schicksal (im Dabeisein bei der wirklichen Welt und in unbedingter Verbundenheit mit Menschen) umgeht, so sind die Absurditäten seines Denkens ohne die Kraft des Absurden, vielmehr mit einer halben Plausibilität im Absurden, die dann die Gedanken erst recht als nichtig zusammenfallen läßt. Das Rätsel ist auch hier der Schein der Verbindung des sich Fremdesten, als ob die Tiefe und die Plattheit beieinander ständen.

Unheimlich ist es, wie die scheinbare Leere doch von *Leidenschaft* getragen ist. In der Leidenschaft zur zwingenden Gewißheit, die für immer, für jedermann gültig ist, ist ein *Machtwille* sondergleichen fühlbar. Dieser kann sich nicht, wie die echte Wissenschaftsgesinnung, die der Liebe zu den Sachen erwächst, mit dem Partikularen begnügen, mit dem im Kleinsten Unvergänglichen der Forschung; sondern der Machtwille des Denkers will das Ganze selbst, das Endgültige der Prinzipien. Er fühlt sich als der Schnitt zwischen zwei Weltaltern, als das Ende des Irrens, als der Anfang der Wahrheit. Dieser Wille geht nicht auf den unmittelbaren Effekt, sondern auf die Dauer, an welche zu glauben er Einsamkeit und Verborgenheit erträgt. Eine unerhörte Selbstgewißheit und ein grenzenloser Übermut des vernünftigen Wissens offenbart sich deutlich in dem Ganzen, diesem Werk, starr wie eine Stahlkonstruktion, die alles Lebendige ihrer einsargenden Maschinerie unterwirft. Dieses Unheimliche in Descartes Wesen kann beim Studium seiner Werke sich wie ein Grauen auf den Leser werfen.

Es ist gesteigert dadurch, daß Descartes nicht einfach der nüchterne Verstandesmensch ist, sondern daß in den Fundamenten seines Philosophierens ein *mystischer Antrieb* steckt, der biographisch gesichert ist. Da Descartes allen abergläubischen Neigungen seiner Zeit gegenüber — sogar gegen die Astrologie — völlig ablehnend ist, kann man schwerlich von einer nur zeitbedingten Gebärde reden. Was in der Absolutheit seiner vernünftigen Einsicht und in der Autorität des

---

die Scholastiker getadelt hatte, daß sie dunkle Dinge durch verborgene Qualitäten hätten erklären wollen, eine Hypothese aufstellt, die verborgener ist als jede verborgene Qualität" (Ethik, Buch V, Vorrede).

von ihm bekannten Glaubens getrennt ist, scheint in eins zu kommen an jenen Tagen des November 1619, als Descartes in einer Zeit des Enthusiasmus im Zusammenhang mit einer neuen Entdeckung (der Einheit allen Wissens als der mathesis universalis) Träume hatte, von denen er fühlte, daß sie nur „von oben" kommen konnten. Sie forderten ihn auf zu seiner Lebensaufgabe, als Einzelner die Einheit der Wissenschaften zu begründen. Er gelobte aus Dank eine Wallfahrt nach Loretto und führte sie später auch aus. Auf diesen biographischen Ursprung hat Descartes sich später nie berufen. Er hat ihn auch nicht verleugnet (Gilson, Commentar, S. 125). Man kann ihn, wenn man das Wesen Descartes' vor Augen gewinnen will, nie vergessen[1]).

Man hat Porträts des Descartes. Welch großartig verschlossenes Angesicht! Eine mächtige Kraft, doch ohne Liebe, ohne innere Schönheit, ohne den Blick des Träumers, der glauben kann, Chiffren der Transzendenz zu lesen!

In Erinnerung an diese Porträts kann man sich dem gleichsam physiognomischen Eindruck des philosophischen Werks überlassen, den Denker Descartes in seinen Gedanken wahrzunehmen meinen:

Es ist als ob in der Helle des Verstandes die Gestalt eines dunklen Kobolds stehe. Dieses Denken — in seinem geschichtslosen Willen zur Allgemeingültigkeit — kann wie etwas Unterirdisches wirken, das leidenschaftlich die Würde des Menschen, aber irrend im Denken des leeren Verstandes sucht. Dieser Verstand selbst noch wirkt solcher Art wie eine elementare Kraft, zu vergleichen dem dunklen Leben der Natur überhaupt, das sich für den Blick des biologischen Forschers überall so überraschend und, unter unangemessene Bedingungen gesetzt, einmal sinnwidrig und tölpelhaft, einmal sinnvoll und einfallsreich benimmt. Dieses vormenschliche Leben im Menschen, überall in der Welt anziehend und zurückstoßend in unübersehbaren Erscheinungen, kann bei Descartes im Denken als solchem wahrnehmbar werden: in einer verwunderlichen Scheinklarheit des an sich Unklaren.

Nicht verzehrt sich Descartes wie die „Ausnahme" in inneren aus dem naturhaften Dunkel hinausdrängenden und wiederum an das Dunkel der Transzendenz sich opfernden Kämpfen, sondern er ist im Denken durch vollendete Selbstdisziplin zufrieden als ein Allgemeines, sich entfaltend zum Gegenteil der Ausnahme gerade im Be-

---

[1]) Vgl. Adam, Vie et oeuvres, p. 48—56. — Olympica, A. T. X, 179—188. — Cogitationes privatae, X. 216 ff.

wußtsein der Begründung der endgültigen Wahrheit. Descartes kann auf uns wirken wie ein sich ausbleibender Mensch, der nicht darum weiß. Aber dieser Mann steht da als vollendeter Aristokrat, herrschend durch die Macht seines Denkens und durch die Haltung einer unmerklich in seine Gefolgschaft zwingenden Gebärde.

5. Die historische Wirkung des Descartes.

Nimmt man die Zeitalter des Geistes — in schematischer Vereinfachung — wie in sich klare, abgeschlossene Gestalten, sieht man dort die mittelalterliche Scholastik, hier den modernen Geist, so scheint Descartes nirgends hinzugehören. Keineswegs ist er etwa nur eine Übergangserscheinung zwischen Scholastik und moderner Wissenschaft. Er ist das Rätsel einer einmaligen Philosophie, die ebenso entschieden als scholastisch wie als modern erscheinen kann, keines von beiden ist und doch eine Geschlossenheit hat, die die eines wesenhaft Zweideutigen ist.

Descartes ist ein *Verächter der Scholastik*, hält es nicht für lohnend, von ihren ergebnislosen Disputationen zu wissen. Aber er kennt sie in dem Grade, daß ihre begrifflichen Werkzeuge ihm zur Verfügung stehen, ohne daß er sich bewußt ist, woher sie stammen[1].

Descartes ist ein Mensch aus der Welt der Renaissance, ein moderner *Weltmann*, in Geschmack, Haltung und Skepsis von den antiken Philosophen und von Montaigne bestimmt; er befreit sich von Gewohnheit und Vorurteil. Aber aus dieser Welt heraus will er gerade das Gegenteil aller Skepsis, will er Gewißheit, Methode, mathesis universalis und verleugnet mit seinem Bewußtsein den humanistischen Boden, auf dem er steht.

Es ist charakteristisch für die Zweideutigkeit, daß er in der Nachwelt den einen als frommer Katholik, anderen als Beginn der protestantischen Philosophie, wieder anderen als Revolutionär der Vernunft erscheinen konnte. Es ist das Wesen des bloßen Verstandes, für jede Möglichkeit des aus anderer Quelle stammenden Glaubens bereit und verwendbar zu sein. So ist die Verstandeswelt des Descartes bei

---

[1] In welchem Umfang die scholastischen Gedanken in Descartes gegenwärtig sind, zeigt Étienne Gilson, Index scolastico-cartésien, Paris 1913. Siehe ferner: É. Gilson, Études sur le rôle de la pensée médiévale dans la formation du système cartésien, Paris 1930. — Ferner v. Hertling, Descartes' Beziehungen zur Scholastik, 1897—99, abgedruckt in: Hertling, Historische Beiträge zur Philosophie, München 1914, S. 181—242.

anderen ein geeignetes Medium für inhaltlich ganz verschiedene, aber nur für dogmatische, zum Fanatismus neigende Gestalten des Glaubens. Es ist zu vermuten, daß weder ein frommer Katholik, noch ein frommer Protestant, noch ein wirkliches Vernunftwesen sich in Descartes wiedererkennen kann. Sein Denken befriedigt solche, die nicht aus Einem und nicht in bezug auf Eines leben und leben wollen, denen vielmehr ein endgültiger Dualismus und Pluralismus Grundzug des eigenen Seins ist. Auf dem Felde seiner unheimlichen Zweideutigkeit wird in anderen möglich, was Descartes fremd ist: eine insgeheim relativierte Gedanklichkeit, eine neue scholastisch verfestigte Form, ein Stil des Verstandesdenkens ohne Leidenschaft der Wahrheit, schließlich ein abgründiger Nihilismus im Gewande wechselnder Absolutheiten.

Vielleicht hat nie jemand philosophierend eine wahrhaft innere Kommunikation mit Descartes gehabt. Aber Zahllose wurden von ihm angezogen, ja haben sich hingedrängt gefühlt zu seinem Denken. Man kann fragen, was das sei, das zu ihm hinzieht: Vielleicht etwas, das sich von der Welt und in sich von der eigenen Möglichkeit unmerklich isolieren möchte im Gewande rationaler Allgemeingültigkeit; etwas, das nach der falschen Unabhängigkeit im leeren Verstande darum greift, weil ihm eine existentielle Unabhängigkeit verloren ging; etwas, das aus dem Grunde einer polemischen Haltung lebt, und das voll verborgener Ressentiments ist. — Aber natürlich sind auch ganz andere Motive sichtbar: Eine sachliche Prüfung von cartesischen Erkenntnismöglichkeiten, z. B. in der Idee der mathesis universalis, — und vor allem eine philosophische Ergriffenheit von den positiven Ursprüngen des Philosophierens bei Descartes.

Spricht man von den Wirkungen der cartesischen Philosophie, so kann das nirgends heißen, Descartes sei die alleinige Ursache für sie. Die in der menschlichen Natur unausweichlichen Abgleitungen und Verkehrungen werden in ihrer Trivialität erst sichtbar durch die intellektuelle Menge, die einem großen Denker entgegenkommt und ihn da, wo er irrt, noch verwässert. Descartes war geeignet, solchen Abgleitungen durch seine Größe und repräsentative Erscheinung die Bestätigung und das gute Gewissen zu geben. An ihm konnte der Irrtum der Abgleitungen sich gleichsam sichern.

Wir vergegenwärtigen die Weise seiner Wirkung, indem wir eine Reihe von Momenten unterscheiden:

Wirkung der Haltung. — Descartes ist ein großes Beispiel für die historische Wirkung des *Einseitigen*, das dem unmittelbaren Verständnis als eine überwältigende Konsequenz erscheint. Von ihm geht das Anregende des *Radikalen* aus. Nicht der Gehalt eines Ganzen, nicht der volle Mensch und die erfüllte Welt sind sein Gegenstand oder sein Ursprung, sondern sein abstraktes Denken ist wie ein Bohrer, der eindringt mit aller Vorsicht, doch schließlich unbekümmert um das, was er anrichtet. Es ist eine Radikalität, die für den Nachahmer leicht zu vollziehen ist, sofern sie keine eigene Substanz des Wesens erfordert, das so denken will.

Weiter wirkt Descartes durch sein Beispiel von *Unabhängigkeit* des Denkens. Das Wagen des scheinbar Äußersten im Zweifel, das jedoch sogleich die entschiedenste Gewißheit der Vernunft durch sich selbst bewirkt, vermochte ein Hochgefühl des selbstbewußten Denkens zu erzeugen, weil es im Philosophieren aller Dinge Herr werden wollte — denn in diesem Philosophieren spielte das andere, das Sinnliche, die Geschichte, die Autorität keine Rolle; sie standen nur am Rande, konnten beim Denken selbst vergessen werden. Dieses Absehenkönnen erzeugte ein Freiheitsgefühl, und diese Freiheit fand sich bestätigt als die Gottähnlichkeit des Menschen. Es gibt einen Zauber sogar der grenzenlosen Möglichkeit, als ob diese, selbst wenn sie leer ist, schon die Freiheit wäre, den Zauber der unabhängigen Gewißheit, die sich für schon erfülltes Wissen der Wahrheit hält.

Wirkung der Verkehrung des Sinns moderner Naturwissenschaft. Eine einschneidende Wirkung des Decsartes sehen wir in der Verkehrung des Sinns der modernen Naturwissenschaft. Sie liegt im menschlichen Geist als solchem begründet, aber Descartes hat sie zuerst repräsentativ vollzogen.

Seine Prinzipien haben *nicht* den Charakter *methodischer Hypothesen*. Newtons „hypotheses non fingo" wandte sich gegen den Cartesianismus, der sich etwas ausdenkt, aber nicht forscht. Während für die neue Naturwissenschaft die jeweiligen Prinzipien selbst nur Versuche der Forschung sind, sind sie für Descartes die zwingend erkannte Weltwirklichkeit. Deswegen denkt Descartes sein mechanisches Weltbild von der astronomischen Weltentstehung bis zu den physikalischen und biologischen Erscheinungen auf unserer Erde unermüdlich im besonderen durch — nur unter Benutzung allgemeiner Erfahrungen, mit bloßem Denken, ohne neue Erfahrungen. Aber indem er so den für viele bezaubernden Eindruck einer geschlossenen mechanischen Welterklärung als neuen Kosmos vor Augen stellte, trat er zugleich außerhalb der wirklichen naturwissenschaftlichen Erkenntnisentwicklung. Sein Ausgedachtes wurde nicht Faktor der naturwissenschaftlichen Erkenntnis. Diese mußte vielmehr die hier entwickelten Irrtümer abschütteln.

Einen starken Umfang hat im Werke des Descartes die Darstellung naturwissenschaftlicher Gegenstände. Man meint auf weite Strecken gar keine Philosophie vor sich zu haben, sondern unzulängliche und falsche und nur für die historische und biographische Erscheinung des Descartes relevante naturwissenschaftliche Erörterungen. Aber das Philosophieren darin ist der *Zusammenhang des einen Weltbildes*, das in dieser *Geschlossenheit* und der *Konsequenz* vor ihm niemand entworfen hatte. Dieses steht durchaus in Analogie zum Aristotelischen Weltbild. Aristoteles erklärte durch die substantialen Formen, durch das eigentümliche Koordinatensystem seiner auf Gestalt, Entwicklung, Hierarchie der Stufen usw. gehenden Kategorien die qualitative Fülle des Daseins, deren unmittelbare Anschaulichkeit erhalten und erst recht zur Gegenwärtigkeit gebracht wurde. Descartes erklärte durch die mechanistischen Kategorien von Quantitäten, von Korpuskeln, Druck und Stoß, Wirbeln usw. seine in diesen Kategorien ihres qualitativen Charakters, ihrer unmittelbaren reichen Anschaulichkeit entkleidete Welt. Beide brachten durch ihr Gesamtbild etwas Fertiges und nicht den Antrieb zur Forschung, vielmehr für die an dieses Bild Glaubenden eher eine Lähmung ihrer freien Forschung.

Wenn daher Descartes mit der neuen Wissenschaft bewußt *gegen die Scholastik* steht, so steht er doch tatsächlich mit einer neuen Form der Scholastik, die er aus dem Stoff der neuen Wissenschaft macht, *gegen den Sinn dieser neuen Wissenschaft*.

Die große historische Wirkung der Grundverkehrung im Sinn der Naturwissenschaft konnte *möglich* werden aus folgenden Gründen:

Descartes kam mit seinem Weltbild einem *durchschnittlichen Antrieb der Denkbequemlichkeit* entgegen: man möchte das Ganze der Natur und des Möglichen gewiß und endgültig wissen; man möchte in der Form der zwingenden Wissenschaft auch gerade das haben, was sich so nicht wissen läßt; man ist von Natur dogmatisch; man neigt zu einfachen, schlagenden Grundschematen für die Auffassung der Welt, in die sich alles, was vorkommt, einfangen läßt: es ist alles nichts weiter als dieser mechanisch begreifbare Vorgang.

Hinzu kam als Zweites, daß die tatsächlich sich entwickelnde moderne Naturwissenschaft in ihren Inhalten scheinbar zusammentraf mit dem Weltbild des Descartes. Die Philosophie des Descartes gewann außerordentlich an Prestige, als ob sie faktisch durch praktische *Erfolge bestätigt* werde.

Jedoch war das Gegenteil der Fall. Die Naturwissenschaft entwickelte sich gegen Descartes; aber, cartesianisch interpretiert, wurden ihre Resultate immer wieder mit einem ihnen an sich gar nicht zukommenden Sinn von Absolutheit verbunden. Die in Descartes' Denken geschehene Grundverkehrung ist von so hohem Interesse, weil sie *repräsentativ* ist für einen damals beginnenden breiten Strom, der durch die neuere abendländische Geistesgeschichte fließt, ständig die echte naturwissenschaftliche Forschungsgesinnung und den eigentlichen Sinn der Forschungsergebnisse störend. Bis zum Positivismus trägt dieser Strom die Scheinwissenschaft des leeren Geredes und der Schemata ohne Erfahrung. Es sind die schlechten mechanistischen *Mythologien*, durch die die Erforschung des Qualitativen sowie vor allem des Lebens verhindert und durch die die fruchtbare mechanistische *Forschung* selbst mit den Konsequenzen eines mechanistischen Weltbildes verbunden wurde, in welchem das Seinsbewußtsein im Ganzen sich zu verstehen meinte. Das verabsolutierende Denken des Descartes gehört weitgehend zu dem Typus eines die Forschung hemmenden, den Menschen in eine Sackgasse illusionärer Erkenntnisse treibenden Denkens. Aus diesem Denktypus entspringt die immer wiederholte Abgleitung des modernen Geistes, in der der wahre Aufschwung dieser Jahrhunderte immer wieder in einer Verkehrung zusammenstürzt und sogar als Ganzes in einem falschen Aspekt erscheinen kann. Verhängnisvolle Fehler der sich mißverstehenden Vernunft und Wissenschaft sind in dieser Verkehrung angelegt. Soweit Descartes Repräsentant dieser Möglichkeiten ist, kann er erscheinen als garnicht modern, als retardierend, als Anweisung zur Verschüttung der eigentlich neuen Möglichkeiten.

Aus diesem Denktypus erwuchs eine von Descartes nicht geahnte Folge. Da Descartes wesentlich der verabsolutierten Vernunft folgte, den Glauben nur am Rande stehen ließ, zwar ohne ihn umzuwerfen, aber doch aus der Gesinnung einer eigenständigen Vernunft, so *konnte* in der Folge *die ganze Welt des Glaubens gestrichen* werden, und mit der bloßen Vernunft — der in Descartes eine eigene existentielle Positivität fehlte — eine Öde der Glaubenslosigkeit wirklich werden, wie sie in der Geschichte noch nicht da war. Wenn der Gott, der im System zwar noch eine formal begründende, dann aber im Gehalt des Ganzen weitgehend verschwindende Funktion hatte, einfach gestrichen wurde und die Vernunft sich selbst vertraute, — denn im Grunde war der Gott für die verabsolutierte Vernunft selbst von Anfang an überflüssig — dann blieb einer späteren Zeit die trostloseste Wüste: die Welt im Mechanismus verschwunden, Welt und Gott zugleich versunken; an ihre Stelle trat die Maschine des Verstandes, ja die Mechanisierung von allem, das Leben als Kampf der bloßen Maschinen.

Dies alles nun ist durchaus nicht die Folge der modernen Naturwissenschaft als solcher, auch nicht die Folge der eigenständigen Vernünftigkeit als solcher, sondern die Folge ihrer Verabsolutierung im bloßen Verstande und derjenigen philosophischen Interpretation der Natur, wie sie als erster Descartes unternahm.

Vermöge dieser verkehrenden Interpretation werden, angesichts ihrer Folgen in der menschlichen Haltung und Glaubensweise, die naturwissenschaftliche Forschungsgesinnung und die technische Gesinnung selbst diskreditiert. Ihnen werden Folgen zugeschrieben, die sie nicht an sich, sondern nur in einer sie mißverstehenden Gesinnung haben können.

Wirkung der Idee der mathesis universalis. — Von der Idee der mathesis universalis leitet sich eine mannigfaltige Bewegung philosophischer Versuche her, unter sich verschieden, aber einig in der Idee der Einheit des Erkennens, des Wissens und der menschlichen Vernunft und damit des Erkennbaren selbst.

Leibniz' Ideen stehen mit denen des Descartes hier in engem Zusammenhang, wenn er die mathesis universalis durch eine allgemeine Charakteristik (Zeichenlehre) vorantreiben will. Er hat sie jedoch nie zustande gebracht. Die Erfindung seiner Zeichen war fruchtbar nur in der Mathematik.

Fichtes Wissenschaftslehre will die Einheit des Wissens aus einem trotz der Analogie zwischen dem cogito und dem Ich doch ganz andern Ursprung, aber ebenfalls durch Ableitung aus Einem als Ganzes verwirklichen. Doch blieb es eine ebenso geniale wie gewaltsame, ganz persönliche Leistung ohne Nachfolge und ohne allgemeine Geltung.

Die *Logistik* ist das Descartes vielleicht am nächsten kommende Bemühen. Daß die Logistik Richtigkeiten aussagt, ist unbestritten. Doch ist die Frage, was die hier aufgestellten Richtigkeiten bedeuten in den Bezügen auf das Ganze unserer menschlichen Existenz; d. h. ob sie wichtig sind, oder ob sie nur ein richtiges Denken ohne Folgen darstellen; sie würden dann leer sein in dem Sinne, daß mit ihnen

nichts anzufangen ist, außer daß sie wie Spiele eine unter Richtigkeits-
regeln stattfindende Unterhaltung dafür interessierter Leute sind.

**Wirkung durch die Möglichkeit der Neuinterpretation von Ich,
Methode, Wissenschaft.** — Die großen Ansätze der Philosophie
Descartes' waren, gerade vermöge ihrer Unbestimmtheit in der Klarheit, einer ständigen Neuinterpretation fähig. Sie wirkten wie Keime,
aus denen so Verschiedenes wie Spinozas Metaphysik, Kantische
Kritik der transzendentalen Voraussetzungen des Bewußtseins überhaupt, Fichtes Ichphilosophie usw. erwachsen konnten. Alle haben
von ihm einen Anstoß erfahren, aus dem sie sich dann ebenso radikal
gegen ihn wehrten. Insbesondere sind der Gedanke des ,,Ich" (im
cogito ergo sum), der ,,Methode" und der ,,Wissenschaft" von dieser
Wirkung gewesen.

a) Das cogito ergo sum konnte bis Kant und Kierkegaard und bis
in die Gegenwart wie ein Angelpunkt des Philosophierens erscheinen,
so daß Schelling nicht mit Unrecht von Descartes den Grundton der
neueren Philosophie angeschlagen findet, wenn er auch gleich hinzu-
fügt, dies cogito ergo sum habe ,,wie ein Zauber gewirkt, durch den
die Philosophie in den Umkreis des Subjektiven und der Tatsache
des bloß subjektiven Bewußtseins gebannt war" (Schelling, Werke
10, 8).

b) Die *Methode* wirkte, weil ,,Methode" von Descartes zum Thema
gemacht war. Es war etwas Neues, in die Öffentlichkeit zu treten mit
einem Programm: es war ein herausforderndes und größte Chancen
erweckendes Programm, das die Methode angab, durch die alle Erkenntnis zu ihrem sicheren Ziel gelangen könne. In der Philosophie,
deren Wesen doch die ständig gegenwärtige Wahrheit ist, die Wahrheit,
aus der der sie denkende Mensch lebt, wurde jetzt die Zukunft das
eigentlich Wirkliche. Sie selbst gab sich als unvollendet. Jeder andere,
der von ihr vernahm, sah sich selber angeregt, auf diesem Weg mitzu-
tun. Ihm wird scheinbar nicht die schon fertige Erkenntnis vorgelegt,
sondern gezeigt, wie auch er einer von denen werden kann, die Neues
finden. Seitdem ist oft, ob fruchtbar oder ergebnislos, in der Philosophie eine wissenschaftliche Bewegung entstanden nach dem hier
vorgebildeten Schema: Aufforderung zu der Methode, durch die jeder
andere selbst etwas leisten kann. Die faktische Folge war, daß auch
solche, die den Gehalten ganz fremd waren, äußerlich mitarbeiten
konnten; da die Methode sozusagen technisch war, allgemein und
sicher, so durfte jeder zugreifen, um mit der mechanischen Verwendung

der Form den Schein einer wissenschaftlichen Forschung zu bewirken. Die Nivellierung der Wissenschaft lag auf diesem Wege. Nicht die zündende Kommunikation einiger weniger Freunde, aus der die geistige Leistung hervorgeht, sondern die Schule vieler, sich um ihr Eigentum an Leistung ständig scheel ansehender Menschen konnte durch das Programm der Methode in Gang gebracht werden.

Noch eine andere Wirkung der Methode war möglich. Sie konnte der Ausgang für die neue Erhellung des Umgreifenden, für eigentliche Spekulation werden und wurde es. Aber nur dort, wo Descartes auch sofort wieder verlassen wurde, konnte dieses Philosophieren ohne Schiefheit bleiben. Die Erziehung zur klaren Gedankenführung befriedigte sich statt dessen zumeist in bloß logischer Form, die mathematisch und exakt anmutete, aber nun weder eigentlich spekulativ war (wie die Musik der großen Denker in reiner Form), noch realen Inhalt hatte, sondern nur noch, sei es trivial oder verzwickt, im Grunde nichts sagte und überging in einen Jargon der jeweiligen Schule in scheinbar exakter Form von Spielregeln.

c) *Wissenschaft* im Sinne klaren Ausdrucks und rational ausgesprochener Wahrheit war Philosophie stets gewesen. Jetzt wurde mit dem Pathos der neuen Wissenschaft in der Philosophie eine Grundhaltung mächtig, die die allgemeingültig zwingende Wissenschaft betont für das Wesen auch ihres Denkens erklärte, sich von anderer Wissenschaft im Prinzip nicht mehr unterschieden sah, sondern Philosophie als die *eine* Wissenschaft auffaßte, in der alle Wissenschaft enthalten ist, die in ihr an ihrem Orte ihren bestimmten Platz im Ganzen hat. Darum mußte nun der Abstand von allem früheren, der eigentliche Neubeginn durch Descartes betont werden. Auch dieses Schema — daß jeweils nun erst der Beginn der wissenschaftlichen Philosophie sich vollziehe — ist in den neueren Jahrhunderten bis in die Gegenwart oft wiederholt worden. Aus dieser Haltung ergab sich bei Descartes und bei jedem, der diese wiederholte, die Erwartung, daß nun die neue, jetzt erst wissenschaftliche Philosophie sich als die allgemeingültige Wahrheit alsbald durchsetzen werde, und es ergab sich das Selbstbewußtsein des Denkers, selbst der Angelpunkt und Gründer der wahren, wissenschaftlichen Philosophie zu sein.

Jedoch hat sich auch das wiederholt, daß sich alle solche Philosophien keineswegs durchgesetzt haben. Sie gingen auch nicht, wie in den Naturwissenschaften die jeweils überwundenen Standpunkte, als zugleich bewahrte Schritte in den Fortschrittsprozeß auf. Sie wurden historisch vergessen, oder sie hatten einen Gehalt trotz dieses ihres Grundirrtums und wurden damit dann nicht verloren.

Hier war ferner der Ausgang für die in der modernen Welt verbreitete rationalistische Intoleranz: der dogmatische Übermut der Vernunft machte selbstgewiß. Er bewirkte aber faktisch nur eine neue Verschlossenheit der Existenz und eine Blindheit ihres Auges und bewirkte die Möglichkeit der Verkleidung ganz anderer Antriebe und Zwecke in der Gestalt absoluter Vernunftgeltung. Die willkürliche Irrationalität im sachlichen Gewande des Rationalen konnte dieser Wissenschaftsgesinnung des Philosophierens erwachsen. —

Die außerordentliche Wirkung des Descartes bis in die Gegenwart ist nicht zu bezweifeln. Um so mehr ist zu fragen, ob wir ihn darum zu den Begründern modernen Geistes rechnen, und ob wir ihn den Ursprung der modernen Philosophie nennen können.

Die Verflechtung der Motive in seinem Denken und dann die Verkehrung aller philosophischen Antriebe aus ihrem ursprünglichen Sinne läßt ihn — gemessen an den großen Gestalten vor ihm, neben ihm und nach ihm — als einen Knotenpunkt der gedanklichen Bewegungen erscheinen, deren einzelne noch jede für sich zweideutig werden; alles, was er denkt, scheint in einem Zwielicht zu stehen.

Wenn man unter dem modernen Geist etwas versteht, das ein Irrweg war und zu verwerfen ist, wenn man in dem Denken der neueren Jahrhunderte Aspekte herausstellt, die man für verderblich hält, so kann man geneigt sein, mit diesem modernen Geist auch Descartes als einen der Begründer abzulehnen. Wenn man aber in der neueren Zeit vielmehr ein großartig Positives in der Hülle von Torheit und Mißverständnis sieht, das zu entwickeln immer noch Aufgabe ist, dann wird Descartes zu einer der gefährlichen Gestalten, welche mit der zündenden Anregung doch immer zugleich zu Abgleitungen verführen.

Die Bedeutung des Irrtums. — Wenn wir die Verkehrung in den Gedankengängen des Descartes aufzuzeigen suchten, so hielten wir diese nicht für einen zufälligen Irrtum. Die Bedeutung des Irrtums besteht darin, daß er ein vielleicht notwendiger, der menschlichen Natur unter den Bedingungen des neuzeitlichen Denkens unausweichlicher ist. Er mußte vielleicht ein für allemal ganz getan werden, um ganz überwunden werden zu können. Aus ihm und seinen Gestalten in der Mannigfaltigkeit der Verkehrungen sich herauszuwinden, wird eine immer wieder notwendige Anstrengung sein. Es ist wahrscheinlich unmöglich, sich vor diesen Verkehrungen zu bewahren, wenn man sie nicht versucht und damit erst durchschaut hat.

Solche Überwindung geschieht daher nicht durch allgemeine Abschätzungen, sondern durch das Ergreifen der bestimmten Artikulationen und Inhalte des cartesischen Denkens, durch ein kritisches Denken, in welchem diese Philosophie ganz übersehbar würde. Erst im durchsichtig gewordenen Irrtum kommt das Philosophieren zu voller Klarheit.

Wenn aber der Weg zum wahren Philosophieren nicht ohne Überwindung des Grundirrens gelingt, wenn, wer nicht bewußt überwunden hat, immer in dieses Irren zurückfällt, so würde auch dann, wenn Descartes restlos durchschaut sein würde, sein Werk für immer bleiben. Der Philosophierende muß es kennen, wenn er vor diesen verführenden Scheinbarkeiten, denen er sonst von sich aus verfällt, geschützt sein will. Die konsequent durchgeführten Irrtümer müssen durchdacht werden, um ihre Wiederholung zu vermeiden und um das Denken vor ihnen zu bewähren. Darum bleibt Descartes unumgänglich beim Studium. Bei ihm ist im Ursprung und am Anfang zu sehen, was später der ständige Feind des Philosophierens ist, selbst da, wo man mit der ihm eigenen Wahrheit zu gehen meint. Descartes ist ein geschichtliches Verhängnis in dem Sinne, daß jeder Philosophierende in der unumgänglichen Aneignung des Descartes sich über sich selbst entscheiden muß durch die Weise, wie er sie vollzieht. —

Die Bedeutung des Descartes für uns liegt weiter in der Bewährung vor ihm durch die *Weise der Gegnerschaft* gegen ihn. Diese Gegnerschaft ist ja fast allgemein; aber die Gegner sind einig nur im Negativen. Der Grund der Gegnerschaft ist so heterogen, daß ein Gegner den anderen bekämpfen muß, wenn er Descartes bekämpft. Man vermag durch Descartes klar zu werden über das Philosophieren gerade gegen die irrenden Weisen, in denen Descartes bekämpft wird:

Indem man zum Beispiel die von Descartes vollzogene Trennung von Körper und Seele in zwei Substanzen verwirft, läßt man auch die wahre phänomenologische Unterscheidung zwischen räumlichem Dasein der Dinge und Bewußtsein fallen und verliert jenen Sprung, der als Anstoß und Rätsel besteht, solange man wahrhaftig bleibt. Bei der Preisgabe jener Unterscheidung verfällt man dem Vitalismus des scheinbaren Ganzen einer Substanz, die zwischen Natur und Geist schillernd jeweils das eine oder das andere ist in einem Behaupten ohne einen wirklich beschrittenen und fruchtbaren Erkenntnisweg.

Indem man ferner etwa die Gottesbeweise des Descartes als logisch zwingende Schlüsse bekämpft, bekämpft man irrend zugleich die philosophische Spekulation in der Erhellung von Existenz und Transzendenz, etwa zugunsten eines trivialen Positivismus und Empirismus oder eines Logizismus.

Indem man schließlich die moderne Welt, die Naturwissenschaft und Technik, die Aufklärung und die Mechanisierung des Lebens anklagt und Descartes gleichsam die Schuld gibt, irrt man: man verwirft dann zumeist nicht die Verkehrung des Descartes, sondern die Kraft der Forschung selbst, die mögliche Erhellung durch Vernunft und damit das echte Philosophieren; man verwirft fälschlich das, was Descartes selbst gerade nicht in hellem Bewußtsein begriffen hatte; man verwechselt die Abgleitungen, die Descartes gedanklich vollzog (mechanistische Weltanschauung, Verstandesverabsolutierung), und die in der modernen Welt faktisch vollzogen wurden (die Mechanisierung des Bewußtseins statt Herr der möglichen Mechanismen zu sein; die Vitalisierung des bloßen Lebens, statt im Leben auf Transzendenz bezogen zu bleiben), mit den wahren Ursprüngen des im Grunde schöpferischen modernen Geistes, der dem Menschen, wenn auch unter größten Gefahren, einen unerhörten Aufschwung ermöglicht.

Es ist die *Aufgabe*, die Philosophie zu verwirklichen, die durch die Grundirrungen des Descartes hindurchgegangen ist, die, an seinem Maßstab und ihm gewachsen, gegen ihn aus positivem Ursprung das Ganze, das Menschliche und Geschichtliche stellt, aus dem wir wirklich leben und leben können.

Es ist die Philosophie zu verwirklichen, die aus tieferem Grunde vernünftig ist und weiß, was Vernunft ist als umgreifende sich nicht verschließende Vernunft, —

die ebenso offen ist für alle Wirklichkeit und Geltung, wie sie frei ist in der Spekulation, in dem leidenschaftlich nüchternen Transzendieren, im Hören der Chiffren der verborgenen Transzendenz, —

die jeden Sinn von Realität erblickt, und doch das Umgreifende bewahrt, —

die die zwingende Gewißheit erkennt, und sie doch in ihrer Relativität versteht, —

die der modernen Naturwissenschaft und ihren Konsequenzen völlig den Raum freigibt und ihr zugleich die Verabsolutierungen fernhält, —

die die wissenschaftlichen Möglichkeiten entschieden ergreift und doch um die Grenzen dieser Möglichkeiten weiß, —

die jedes Weltbild, sofern in ihm ein real Erwiesenes ist, aufnimmt —
und es doch ohne ein Weltbild aushält, das das Eine und Absolute
wäre, —

der alles Gewußte nur Mittel ist, das sie als solches in Besitz nimmt,
ohne darin je das Endziel zu sehen, —

die geschichtlich ist in dem Grunde der Existenz, aus dem sie erwächst, Ohr und Auge für andere Existenz, keine Existenz überblickend, keine einordnend, keine wissend, —

die das Substantielle in jeder Gestalt zu berühren vermag, weil sie
selbst aus einer möglichen Substanz erwächst, —

die den Raum schafft grenzenloser Kommunikation, ohne zu wissen,
wohin es führt, und was das Ganze ist, —

die nicht abfällt in Dogmen und nicht verloren geht in Bodenlosigkeit, —

die das Unbedingte erhellt, das geschichtlich und darum nicht allgemeingültig ist, und zugleich das Allgemeingültige sich zu eigen
macht, das, weil allgemeingültig, nicht unbedingt, sondern relativ ist, —

die die Transzendenz nicht als gewußte antizipiert und sie nicht in
Anspruch nimmt für sich allein, — daher auch die unbedingte Einheit
geschichtlich und existentiell beseelt, nicht als die absolute Einheit für
Alle und Alles behauptet.